PUHUA BOOKS

我们一起解决问题

Customer Innovation

Customer - centric strategy for enduring growth

用户创新实战指南

围绕用户痛点进行创新的十大策略

［比利时］玛丽恩·德布鲁因（Marion Debruyne）／著

高美 李妍／译

人民邮电出版社

北京

图书在版编目（CIP）数据

用户创新实战指南 ：围绕用户痛点进行创新的十大策略 / (比) 玛丽恩·德布鲁因 (Marion Debruyne) 著 ；高美，李妍译. -- 北京 ：人民邮电出版社，2017.10
ISBN 978-7-115-46809-3

Ⅰ. ①用… Ⅱ. ①玛… ②高… ③李… Ⅲ. ①企业创新－案例－世界 Ⅳ. ①F279.1

中国版本图书馆CIP数据核字(2017)第214693号

内 容 提 要

在移动互联网时代，“以用户为中心”是企业生存和发展的出路，华为、阿里等企业均将“以用户为中心”作为组织的核心价值观；而保持创新精神则是企业得以成长、发展、延续的动力，没有创新的企业迟早是会死亡的。很多人认为“以用户为中心”与保持创新精神是企业难以协调的两个发展策略，本书则告诉你实则不然。

《用户创新实战指南》的作者是著名战略管理专家。本书从企业进行用户创新活动的三个方面（连接、转变与合作）出发，以三种不同用户群体（现有用户、所有用户、新技术带来的新用户）为基础，详细介绍了企业如何以用户为中心进行创新，实现持续增长。同时，作者在书中引用了包括迪士尼、可口可乐、Netflix、强生公司等企业的大量案例，提出了一些可以拿来即用的好点子，并在每章结尾附上了实际行动建议。

本书适合市场营销人员、产品研发人员、企业管理者、高校市场营销专业师生以及 MBA 阅读。

◆ 著　　[比利时] 玛丽恩·德布鲁因（Marion Debruyne）
译　　高 美 李 妍
责任编辑　贾淑艳
责任印制　焦志炜

◆ 人民邮电出版社出版发行　　北京市丰台区成寿寺路 11 号
邮编　100164　　电子邮件　315@ptpress.com.cn
网址　http://www.ptpress.com.cn
北京隆昌伟业印刷有限公司印刷

◆ 开本：700×1000　1/16
印张：15　　2017 年 10 月第 1 版
字数：190 千字　　2017 年 10 月北京第 1 次印刷

著作权合同登记号　图字：01-2016-5328 号

定价：59.00 元

读者服务热线：(010)81055656　印装质量热线：(010)81055316
反盗版热线：(010)81055315
广告经营许可证：京东工商广登字 20170147 号

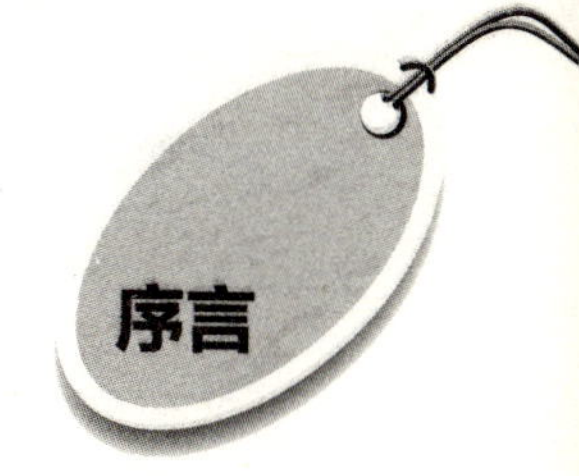

连接 - 转变 - 合作

很多时候，以用户为中心和保持创新精神是完全对立的，就像优先追求产品引领性和优先追求用户亲密度，这两者也是不能协调的。本书将告诉你，为什么这种二分法观念是错误的。一些新兴组织发现了一种全新准则：它们把用户中心原则和创新能力进行了结合。这些组织创造出了一种完全自外而内的市场切入方式。它们不需要根据自己刚好擅长的方面去运营公司和占领市场，而是完全以用户为中心建立和改造自己的公司。

它们改变了过去传统的方式，以全新的功能取而代之，因此能够走在发掘新市场机遇的前列。这让它们有机会研发新产品，并且能够以比过去更快的速度提供服务，于是它们就可以正好打中市场的靶心。如今，我们正处于一个转变的节点。在过去，基于稳固、严谨的研究和开发，构建一套严格的创新体系，就已经足以让你成为创新大师，并且让你的公司拥有令人惊羡的创新力；而在今天，这是最基本的要求，已经无法再为你带来像过去一样的成就。

案例分析

我们以荷兰皇家航空公司的一个项目为例。如果你在荷兰皇家航空公司订了一张机票，你可能会得到一个智能交互式的行李牌。有了这个行李牌，办理登机手续和行李安检这两个环节就可以实现无缝衔接，在其他乘客还在航站楼里排队时，你却已经通过安检并登机了。乘飞机到达目的地时，你可以凭行李牌快速取走行李。这种应用高科技的方案能为旅客带来更加便捷的体验，现代旅行经常会让人恼火，而它可以为你节约很多时间。交互式行李牌可以防止行李丢失，简化手续流程，还能让你在登机程序中使用自己的通信设备。

为什么荷兰皇家航空公司会花费精力向乘客推广这种智能设施呢？首先，如今经常乘坐飞机的乘客越来越多，他们遇到的麻烦也越来越多，荷兰皇家航空公司对这些问题非常关注。通过分析乘客数据，它发现乘客的飞行体验并不是从登机开始的，而是早在他们进入机场的那一刻就开始了。让各个登机程序更加流畅地衔接起来，不仅可以节约乘客的时间，也可以减少工作人员的错误。作为一家航空公司，荷兰皇家航空并没有设计交互式行李牌的专业技术，它的核心业务是提供飞行服务。但是一家叫作“Fast Track”的创业公司有这种技术。这两家公司展开合作，完成了这个能切实解决乘客问题的方案。

荷兰皇家航空公司的案例为我们展现了一种新的创新方式。这样的公司才有可能长盛不衰，不断发展。这类公司都有什么共同特点？它们不仅高度重视用户意见，而且持续不断地进行创新。为了提供解决用户问题的完美方案，它们可以改变自己的商业模式。它们会和外界力量合作，来提升内在竞争力，从而形成新的解决方案。它们抛弃了很多关于发展和创新的传统理念。它们都已意识到，如今的世界瞬息万变，立于不败之地的唯一方法就是时刻把握市场的脉搏。它们不会事事亲为，而是选择与他人合作进行市场创新。

用户创新是一种逆向活动。创新的目的不是寻找“蓝海”市场和“空白”机遇，其根本目的和唯一目的是满足用户需求。用户创新就是为没有被满足的用户需求找到解决方案。弄清了这种需求之后，企业和组织就可以做出相应调整。它们通常不具备某些自主技术来充分满足市场需求，所以它们会向外界求助，找到那些可以帮助它们完美解决用户问题的第三方。合作是快速并全面地实施解决方案、满足市场需求的关键步骤。

这些创新组织都会以一种新的模式来运行，而且都精于这种模式。它包括三个部分，分别表示组织进行用户创新活动的三个步骤（参见图 0–1）。

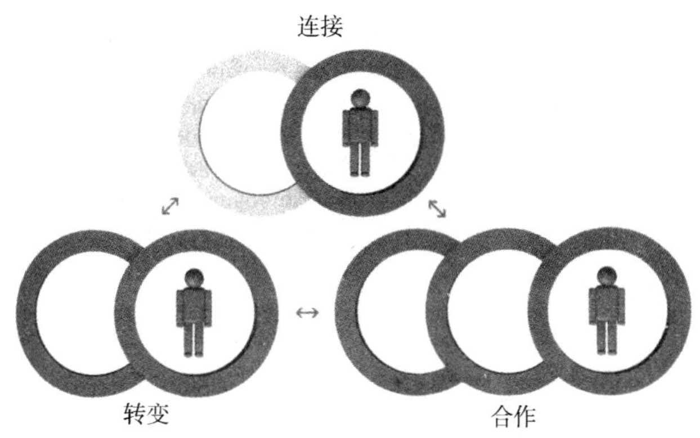

图 0-1　用户创新的核心过程

用户创新步骤一：连接

首先，这些组织在以用户为中心进行创新时，始终与市场和用户保持着密切联系，随时注意着有可能遇到的变化。它们观察环境，找到尚未得到满足的用户需求的蛛丝马迹。它们和用户之间保持着长期的联系，倾听用户意见，引导用户参与，与用户沟通互动，从而全面了解用户的体验和他们未被满足的需求。由此它们可以找到用户的痛点，但是这并不意味着它们要成为用户的奴隶。通常有人会担心，如果企业过分关注用户意见，就有可能把目光只放在当前市场，而忽视新兴市场。选择自外而内的商业模式的企业是不会这样的，因为它们拥有更广阔的视角，可以纵观整个潜在市场，无论是新兴市场还是以前未经细分的市场。

用户创新步骤二：转变

其次，进行用户创新活动的组织会把创新当作获得长久生命力的唯一途径。它们每天都会对用户观点进行创新和转变，从而产生具有可行性的改变方案，因为它们相信，这是在竞争中屹立不败的唯一方式。但它们主要还是为了更好地服务用户，因为一个组织必须要不断问自己，今天的服务是否能满足用户明天的需求。要做好用户创新，企业必须时常思考老方法是否还适用现在的情况。创新就是由这些组织不断收集新的市场信息和持续变化的用户需求而触发的。但是它们并不会为了不断地适应而把自己限制起来：寻求颠覆性变化也是同等重要的。只有这样才会产生新的商业模式。

用户创新步骤三：合作

最后，用户创新组织会根据自己的短板选择性地与他人进行合作。这样它们才能创造出符合需求的生态系统，让解决方案真正有益于目标用户。这些组织不会依靠自己的研发部门，它们通常会站在供应方和合作方的肩膀上，实现更大的目标。它们明白合作是很重要的，把一个好点子成功推向市场少不了相互合作。它们会和许多合作方共同开展创新活动，利用对方的技术和能力，为用户提供新产品和新方案。它们也会巧妙地利用自己的优势，从而在它们建立的生态系统中发挥重要价值。

连接 – 转变 – 合作模式是实施用户创新的关键。这三个过程有着密切的内在联系，如果不能同时进行，它们每个过程的价值就都将无法发挥出来。

关于如何了解用户和洞悉市场的案例

市场导向型的公司是否比其他公司更具有创新性？普遍的观点认为，听取用户的意见对创新活动是不利的。汽车大王亨利 · 福特（Henry Ford）说过："如果我问我的用户他们想要什么，他们会说想要跑得更快的马。"这句话经常被用来支持前面的观点。先暂且不考虑这种观点是否正确，成为一家市场导向型的公司是否值得？这是个有趣的问题。市场导向策略会为公司带来更好的发展吗？毫无疑问，答案是肯定的。从发展速度、市场份额和盈利能力等各个衡量标准来看，市场导向型公司都比其他公司表现更好。但是在这里有一个很重要的提醒：只有在一开始就有效实现创新的情况下，市场导向策略才能够提升公司表现。在你还没有根据自己掌握的信息去形成改变前进方向的具体目标时，就去关注各种市场信号，是一种浪费时间的表现。如果你没有对获得的信息加以利用的恰当机制，那么在用户导向策略上进行投资就毫无意义。

组织必须学会从技术和用户的角度驱动创新。当然，技术成果通常都可以被用来满足未被解决的用户需求；而反过来看，未被满足的需求也可以激发新的技术解决方案。所以，公司面临的挑战就是如何把这两者更好地结合起来。用户创新的本质就是组织及其生态系统形成联合力量，共同解决市场需求。

把用户置于首位，这不应仅是客户服务人员的工作宗旨，也不应仅是在业务第一线直接与用户打交道的人的原则；如果你有这种观念，那是非常危险的。实行自外而内模式的组织不会去调查用户对自己产品的未满足需求，也不会过多关注产品缺失的性能；而是致力于弄清楚用户真正想要通过这个产品实现什么目的。

工作繁忙的父母会因为 iPad 丰富的娱乐方式和网络应用而购买它吗？这些父母会雇用随叫随到的保姆吗？他们会带孩子去迪士尼乐园玩吗？或者说他们愿意为了与孩子相处、让孩子高兴而从繁忙的工作中抽出时间吗？

当你了解了产品需要拥有的根本功能，下一个问题就是：怎样才能让这个功能更加完善？这就需要组织不断地审视现有的商业模式，弄清楚它是否能够帮助组织解决用户需求。提高对市场的洞察能力并不只是为了支持产品的某一功能，这是一种可以激发所有员工动力的战略性核心责任。

当我们开始通过分析产品和服务的根本性能来审视它们时，就可以开始寻找通过它们解决用户需求的实际方案了。在专注用户的模式之下，用户创新组织会根据反向的价值链进行创新活动。传统的价值链模式会把市场当作企业工作产生的结果，而反向价值链却是以市场为开端的（参见图 0–2）。用户是链条的起点，这种价值链是基于对用户需求的理解而产生的。

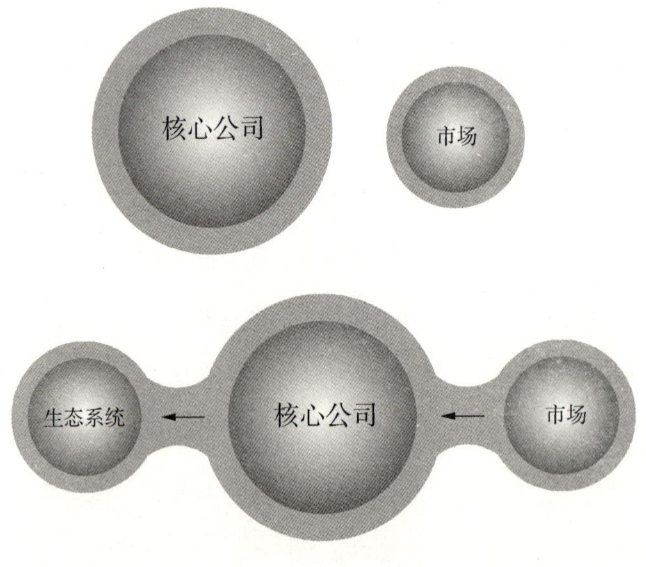

图 0-2　价值链的转变

用户创新先驱者

我们所描述的用户创新转变模式不是巧合；它们的各个环节都是紧密连接的。在如今的商业活动中，实施用户创新需要通过三个至关重要的转变环节来辅助、刺激和加强：

- 从基于交易的用户关系转变为基于合作的用户关系；
- 从产品导向型的模式转变为解决方案导向型的模式；
- 从闭合式创新流程转变为开放式创新生态系统。

首先，了解公司情况的、与公司有联系的人对公司的期望发生了变化：2010年之后，我们进入了用户时代。每一种产品都开始商品化，每一种技术都可以被快速复制，每一种用户服务都可以通过社交媒体立即实现，用户甚至在开车的时候都可以享受服务。如今企业唯一的竞争优势就是用户优势，而用户优势需要用户、员工、经理和公司其他股东共同创造。

其次，“解决方案”这一概念是许多公司日常工作中的重要事项。通过将产品和服务完美融合，为用户提供附加价值，公司的用户需求解决方案才能战胜对产品和服务造成日益严重的威胁的商品化趋势。所以为用户提供解决方案势在必行。与产品相比，解决方案不容易被复制和抄袭，并且具有更好的收益前景，还能够增加用户的黏度和转化成本。从用户的角度来看，解决方案可以直接帮助他们解决问题，或是处理他们正在进行的任务。虽然产品可以发挥一部分作用，但是解决方案可以更好地降低用户的成本和风险，而且完成效率也会更高。

最后，开放式创新是根植于传统创新之中的。在传统创新过程中，公司需要依靠自己的创新措施从中获益。然而在过去的十年里，越来越多的公司开始意识到，它们需要开放创新流程，不仅要依靠内部创新，还需要借助外部的创新理念。

越来越快的发展和对新技术、新知识的掌握，都决定了现代公司必须要开放内部研发流程。我们强调的重点是，只有通过与合伙人合作，对自身的技术和能力进行补充，组织才能够为市场带来新的用户需求解决方案。

因此，本书探讨的主题并不是一个全新的话题。用户中心策略是如今最受欢迎的管理理念之一。从产品到问题解决方案的转化是许多公司正在努力尝试去做的事情，“开放式创新”也是创新领域近些年的流行语。这些现象背后的基本原理是颠扑不破的，这些创新行为得到了一定程度的重视；但是有些组织还没有意识到，这些现象都不是孤立的趋势。只有将这些不同的创新方式结合起来，公司在进行用户创新时才能得到最理想的结果。实行由外而内模式的组织认为，每种创新方式都是互补的，只有在它们不被看成一个个孤立概念的时候，这种方式的全部潜能才能得到最大的利用。

拼命寻找出路

大多数公司现在都面临着严峻考验。经济衰退对大多数公司的发展造成了威胁，除此之外，还有其他一些因素也促成了这场“完美风暴”。这些因素包括一些国家由于具有廉价劳动力而不断增强的价格竞争优势，不断增长的产品质量，不断增长的用户需求，不断进步的技术，越来越丰富的信息，对顾客而言越来越方便的消费活动，不断增加的原材料成本等。这些都意味着公司必须要在这场风暴中寻找出路，才能生存下来，为了明天的发展而奋斗。

在艰难时期，有些组织开始越来越重视内部发展，试图重新关注自己的核心活动 / 能力，并对其他不一定会为公司增加价值的次要活动进行监督审查——它们开始对主要活动倾尽全力，减少对“可有可无”的项目的投资，并对运营效率进行严格控制。虽然这种自我审查措施“大量削减”了额外成本，但是它并没有解决商品化和竞争的根本性问题。它充其量是让组织开始面对和解决浅层问题，而不是逃避。

另外一种提升公司收入的常见方式就是为产品增加服务。公司会训练销售人员，使其成为“出售解决方案的销售员”。他们会把辅助产品和服务推向市场。通过提供顾问式、咨询式、对话式和操作式的服务，公司会寻找与它们的核心业务沾边的商业机遇。然而在这种方式中，核心产品仍然被当作火车头，服务也只是一种衍生品。但是用户很注重自己的需求，而且也很在意自己的预算成本，他们会减少一切不必要的花费，通常都不愿意为辅助性的服务付出更多成本。所以这让公司很失望，它们提供这些服务原本是为了增加重要业务。怎样才算是一个真正的用户中心型的解决方案提供者？它们对此还是存在误解。

还有一种常见的答案就是创新。书店里为公司彻底改变发展方向提供建议和创新模式的书籍有很多。采用创新制度的公司都会任命首席创意官，他们负责创新项目的孵化，对新的商业模式进行投资。那些承担着首创风险的创新先锋都是独行侠，在各个方向和领域都想做出尝试。他们的这些无计划的创新举措无法为公司文化带来实质性改变。孤立的创新行为不能改变组织固有的发展方向，反而有可能因此受阻。

在本书中，我们为你提供了另一种视角。哪怕你并不能掌控一切，但当你开始通过用户的眼光看待所有问题，对用户的整体体验进行审视的时候；当你不再局限于产品本身，而开始思考如何帮用户解决问题的时候；不论自己的能力如何，当你通过满足这一任务的条件来看待它的时候；当你为了满足用户需求，开始突破自身组织的边界，把目光投向其他可以与你合作完成这一任务的组织的时候；当你为了更好地了解用户，把握住每一次获取用户信息的机会的时候；当你为了向用户提供更好的服务，而不断与用户互动并获得持续反馈的时候，又会怎么样呢？

“专注于用户，其他一切自会随之而来。”——谷歌

以公司为中心和以用户为中心

在这里分享一个我自己的小故事。我曾经给一个工商管理学习小组讲授市场营销策略的初级课程。这个学习小组里的 40 个成员都是来自国际知名企业的非常有智慧的经理人，每次上课时他们都聚精会神地听我讲课。我向他们讲述了一个案例，某家公司在发现自己的产品不符合部分潜在市场的需求之后，开始扩充自己的产品组合。我在案例中讲述了这家公司为了提供更好的服务如何探寻新的用户群，以及如何尝试去满足所有的用户需求，并专门针对新的用户群设计新产品。

其中有一位学员举手提问：“这个案例非常棒，很值得学习。但是让我们看一看现实，通常而言，开发出产品之后再去寻找适合这一产品的目标用户群才是更常见的做法，而不是与之相反。所以在您讲述的这个案例中，应该如何进行市场营销呢？两种做法哪一种才更贴近现实呢？”

一开始这个问题着实让我感到吃惊。听到他们纷纷说“应该先开发产品，再寻找用户”，这和我“先寻找用户，再开发产品”的观点大相径庭，而且，我还看到有不少人点头附和，这让我心中的震惊又加深了几分。

如今，距离市场营销这一概念第一次出现已经过去了 60 多年，但仍然有很

多组织未能充分理解以市场为基础的观点。几十年来，我们一直强调用户中心观点的重要性，然而现实却和理想相去甚远。许多组织仍然坚持它们的产品中心论，这让它们无法通过用户的视角看待自己的产品，也就无法主动对市场需求做出回应。

案例分析

我们以辉瑞制药公司曾经在糖尿病治疗方法改革上犯过的一个巨大错误为例。辉瑞公司曾经和内克达医疗公司达成了一项协议，内克达医疗公司研发出了一项新技术，可以让糖尿病患者直接吸入胰岛素，而不再需要用注射的方式。辉瑞公司对新的吸入式胰岛素（即 Exubera）的期望值非常高：一年就投入了 20 亿美元的销售费用。分析专家认为应该大批量生产吸入式胰岛素，预计每年销售额将会达到 50 亿美元。然而在这一新产品推出不久后，辉瑞公司就宣布停止吸入式胰岛素的销售业务，将所有的权利返还给内克达医疗公司。因为对用户的期望和需求做出了错误的分析，辉瑞公司蒙受了巨大的损失。你知道总共损失了多少吗？答案是 28 亿美元，这是非常惊人的数字。

究竟是哪里出了问题？总而言之，辉瑞公司根本就没有真正了解糖尿病患者是如何管控自身疾病的。一开始，辉瑞公司对内克达医疗公司的新发明产生兴趣是因为这样的观念——对于那些害怕每天要用针管进行多次注射的患者来说，吸入式胰岛素是一种非常好的替代选择。但是根据很多患者的说法，注射器针头并不是什么大问题，因为它本身非常细，注射时实际上是无痛的。失败的迹象早已预先显现了，但是辉瑞公司的管理层却选择对其视而不见。甚至在 2006 年中期，辉瑞公司引进吸入式胰岛素之前，就已经有很多糖尿病患者在博客和网络论坛上对此表示了极度不满。患者们并不希望每天都要用相当麻烦的方式来管控疾病。他们觉得吸入式胰岛素比注射式胰岛素更加不方便。

患者在使用吸入式胰岛素的时候需要将其打开，而它有一个网球罐那么大，因此患者就无法在餐厅或者聚会等场合私密地使用它了。注射式胰岛素和吸入式胰岛素的共同点是它们的剂量都可以控制，但吸入式胰岛素有可能会对肺部造成危险。因此，少部分想要使用新的吸入式胰岛素的患者都必须要在使用前进行肺部功能的检查。最终他们还是放弃了这一新产品，而是使用注射式胰岛素。

辉瑞制药公司的案例说明，即便是实力雄厚的大公司，在了解用户需求这一问题上也有可能犯下大错。当人们听说辉瑞公司的经历——对新产品给用户造成的问题视若无睹，都无法相信它会犯下如此巨大的错误。哈佛大学教授约翰·古维尔（John Gourville）对像辉瑞公司这样错误估计现实做出了深刻的解释。公司对于新产品收益的预期通常都会比现实高出三倍，而用户对新产品为其带来的利益的衡量则会低三倍。这种估值的对比表明了我们对自己产品盲目的信任以及用户对新产品的质疑。因为有这种“认知偏差”，所以产品开发者自然希望用户能够像他们一样看到新产品的价值。我们想要竭尽全力实现这一点，所以在面对用户的冷漠对待和市场反应的平淡时，就会感到很震惊。

引领创新的人通常都相当具有远见：在我们知道自己想要什么之前，他们就已经能够洞察我们的需求。史蒂夫·乔布斯（Steve Jobs）就是这类创新领袖的典型代表。当被问及是否要为了支持 iPad 的研发而进行用户调研时，他回答说：“做什么市场调研？”还有一类创新领袖，也就是那些特立独行的人：他们都是新产品的倡导者和牵头人，通过纯粹的意志力来对抗拒绝改变的故有引力，从而促成创新。创新领袖必须要坚持不懈，充满耐心，对创新事业怀有坚定不移的信念。

了解了这两种类型的创新领袖之后，我们可以得出结论：创新意味着拥有远见和毅力，并且不会总是去问用户想要什么。很少有人会考虑这个问题：组织采取用户导向型的发展策略是否有价值？但是如果要问在开发新产品时组织是否应该倾听用户的意见，我们就会立刻转变观点。用户的意见是否应该作为创新过程的一部分，人们在这一问题上的偏见还是非常顽固的。实际上，甚至连史蒂夫·乔布斯都有可能错了。人们都认为他拥有一种内在的创新雷达，但即便他有创新雷达，也不能保证百分之百的成功率。比如，乔布斯曾经相当热切地支持赛格威智能电动车，称其为“自个人计算机以来最重要的技术发展”。然而，赛格威智能电动车并没有达到最初的销售预期。

看待新产品时，目光短浅通常会导致人们陷入“更好的捕鼠器”的谬误之中：生产出了更好的产品，但却不是市场需要的产品。如果产品研发不是以用户需求为导向，那就应该是技术发展催生的结果，或者是出于在产品性能上超过竞争对手的目的。而这两种目的都会给产品带来“疲劳性能”。对于技术人员来说给产品增加一些新奇的功能具有不可抗拒的吸引力，但是这会让普通用户感到迷茫和困惑。功能过剩让消费者更渴望简单的产品，这样的产品只需要发挥本身的性能，不需要多做其他什么。

现在，我们都已经有足够的证据确信，以市场为导向进行创新的公司在发展速度、市场份额和盈利能力等方面的表现都比一般公司更加优秀。这些公司很清楚，如果想要在掷飞镖的游戏中取胜，最好不要蒙住眼睛：如果想要通过创新取得成就，你就应该找准靶心的位置。在创新活动中采取市场中心策略的公司都会关注来自市场的各种信号，并以此为出发点开展创新。它们会对现有用户的显性需求做出回应，但同时也会从新出现的细分市场中发掘新的需求。为了成功实施这样的策略，这些公司通常都会利用下面三种不同的镜头（参见图 0-3）。

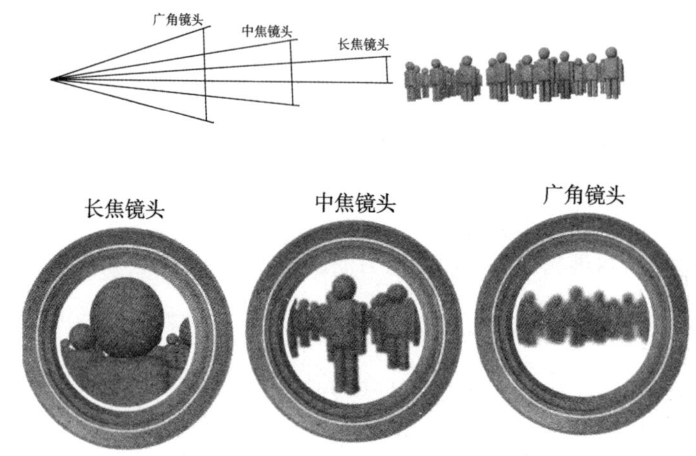

图 0-3　三种镜头

（1）第一种是长焦镜头，专注现有用户。通过加强与现有用户的基本联系，公司可以确保自己能够得到持续不断的反馈循环，这样它们就能够持续关注用户不断变化的需求，通过用户创造出最大的创新价值。

（2）第二种是中焦镜头，面向所有的用户群体，把现有的产品种类范围拉得更大。进行用户创新的公司并不会试图去调查人们对其产品的需求，它们更关注的是产品帮助用户实现某种目的所需要的完整路径。

（3）第三种是广角镜头，在这个角度下，公司会把镜头拉得更远，从而捕捉市场外围新出现的各种变化信号。

举个例子，假如你经营一家航空公司，用这三种镜头来解决三个不同的问题：

（1）长焦镜头：现有的用户对我们有什么期待？我们是否应该在飞机上提供无线网络？

（2）中焦镜头：从旅客订票的那一刻开始，到他们走出家门，一直到他们到达目的地，我们应该如何提升他们在整个旅途中的体验？

（3）广角镜头：新技术带来的视频会面形式会替代商务旅行吗？

利用这三种镜头可以让组织找到一种平衡的方式：从与现有用户建立密切联系，到为新的市场机遇和市场干扰做好准备。利用好了这三种镜头，就意味着我们平衡了当下的短期成就和未来的长久发展。

本书后续部分将会围绕三个部分展开。在每一个部分，我们都会就上述三种镜头的运用做更加深层的拓展，并分析和讨论公司如何将其付诸实践。我们也会向读者讲述运用这三种镜头的必要性，如果公司只运用其中一种，将会产生片面的市场视角。我们将会说明，创造一个市场导向型的组织并不只是创新领袖的责任，而是整个组织的责任，组织必须要像海绵一样不断吸收用户信息。

在以用户为中心的策略之下，用户创新活动会根据反向价值链进行。传统价值链模式认为市场是组织活动的最终结果，但在反向价值链模式中，一切都始于市场。用户是起点，价值链是理解用户需求的结果。最适合公司的结构能够让公司最好地把握用户观点，并且（合作）创造出用户价值。用户决定了公司应当如何组织自身结构，从而创造出用户最需要的问题解决方案。

如何阅读本书

本书有多种不同的阅读方式。当然，最推荐的方式还是从头读到尾。本书开头的序言将会带领你了解在三种不同的镜头之下用户创新的三个不同步骤（连接 – 转变 – 合作）。九个主要章节（第一章至第九章）讲述了组织需要关注的核心领域。第一章到第三章主要讲述前文所述三种镜头中的第一种，第四章到第六章主要讲述第二种，第七章到第九章主要讲述第三种。由此，九个章节被分成三个部分，依次讲述了如何使用长焦镜头、中焦镜头和广角镜头，每一个单独章节都包括相关的案例和案例拓展学习。每章都会以一个简短的小结和如何开始实施这一章内容的任务清单作为结尾。

另一种阅读本书的方法就是单独关注“连接－转变－合作”中的某一个步骤。

- 如果你对如何更好地与用户建立联系最感兴趣，你可以重点阅读用户创新过程中关于连接的章节。通过阅读第一章、第四章和第七章，你将会更好地理解企业是如何运用上述三种镜头与用户、市场建立联系的。

- 如果你想了解如何将市场和用户观点转化成创新行为，请阅读第二章、第五章和第八章。你将会清楚地理解在三种镜头之下如何分别实施转变这一步骤。

- 如果你想知道哪种合作方式能更好地帮助你促进由市场驱动的用户创新，请阅读第三章、第六章和第九章。这三章讨论了在上述三种镜头下你所需要的合作类型。

本书最后一章是所有部分的综合，为读者提供了进行用户创新的整体指导。

小想法，大影响

罗马不是一天建成的。实施用户创新是一项变革式的巨大工程。如果你觉得自己还远远没有达到理想状态，就不要想着开始攀登珠穆朗玛峰。在做出改变的过程中，小的成功是很有必要的，可以为组织带来正面的能量。在本书中，一些小的想法和点子都会以灯泡图标进行标注。这些“拥有大影响的小想法”会告诉你应该如何着手去做。它们通过例子阐述了公司在“连接－转变－合作”过程中应该采取的实际做法。

但是，我写这些“小想法”的目的不是让读者直接盲目照搬。孤立的行为通常无法单独起效：必须要在适当的环境下以及和其他行为的联系中才能发挥作用，否则就有可能产生副作用，打击团队士气。比如明尼苏达矿务及制造业公司（3M公司）有一个非常著名的做法，它允许员工自由支配20%的工作时间，比如照看自己的宠物。加里·利林（Gary Lilien）与其同事发现，3M公司会精心挑选出一些领袖型用户参与开发新产品。这种方式非常具有创新性，并且显现出了很大的销售潜力，是3M公司用其他传统方式研发出的产品的销售量的八倍。很多公司都效仿3M公司的做法，但是它们都没能达到像3M一样的创新结果。没有创新文化的支持，没有高层的授权，缺乏让新想法成长发展的土壤，孤立的创新举措是没有用的。

在创新策略的实施中，细节之处通常很容易出问题。要实施一项策略，不仅需要做出明确决策，也需要确定好计划、方式和沟通工具。“小想法，大影响”就是为了激发灵感、产生想法，从而让策略得到真正实施。

目录

第八章　改变商业模式的第三种镜头

第九章　在弹性生态机制中合作

第十章　基于用户的持续增长：三种重要能力

第一章 01

运用长焦镜头连接用户：五种与用户建立联系的方法

“只需要多看，你就可以观察到很多。”

——尤吉 · 贝拉（Yogi Berra）

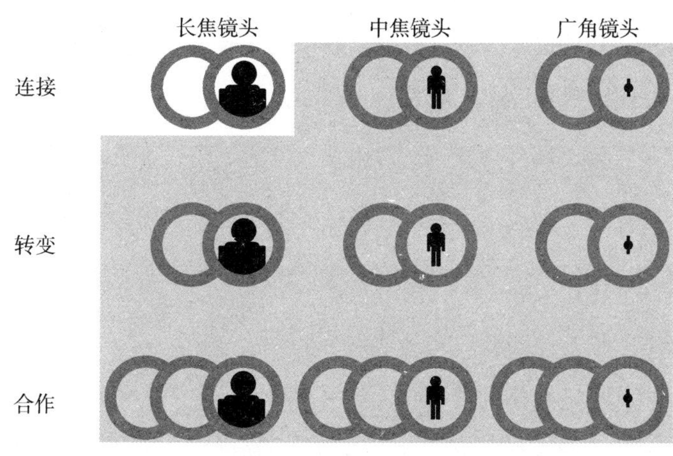

长焦镜头带给你的视角是最窄的，但也是最具深度的。我们用长焦镜头对公司现有用户进行放大，对其进行重点关注。连接 – 转变 – 合作过程的第一步就是与用户建立联系，听取用户的诸多建设性意见。连接 – 转变 – 合作过程非常重要，但还是有不少公司在这一过程中感到棘手。根据 2010 年 IBM 全球 CEO 调查，63% 的营销总监承认他们需要增强挖掘用户意见的能力。

在接下来的部分，我们将为你讲述五种不同的方法，帮助你更好地与用户建立联系，更好地与用户探讨各种相关意见。

（1）开放对话的渠道。第一种方式是建立起具有持续性的用户反馈循环。利用这种方式，公司能够与用户进行有效对话，也能够得到关于其产品和服务的持续性反馈，并能够对获得的信息做出迅速的整合。

（2）沉浸式地理解用户意见。对用户意见的沉浸式理解是指在用户所处的环境中增进与他们的关系。最深刻的洞见往往不是来自于用户研究调查，而是来自于对用户真实生活情景的了解。只有当我们沉浸于用户所处的真实环境，了解他们的工作和生活时，才能得到更多丰富的见解。

（3）利用所有能获知的信息。公司掌握的关于用户的信息通常都比它们自己意识到的更多。关键就在于探索所有现有的（和潜在的）信息的渠道来源，并发掘出它们的潜力。通常来说，这意味着要创造出新的平台和流程，以及新的信息获取渠道。

（4）**把用户当作创意源泉。**确保用户的意见能够在公司的战略和行动中得到体现的最好方式，就是用用户的想法来塑造你的想法。因此，我们应该直接把用户纳入创意产生的过程中。

（5）**把用户当作产品开发者。**用户通常都会为自己的问题创造出解决方案，或者对产品进行改造，使其更好地适应自己的需求。从本质上来说，用户其实扮演了产品开发者的角色。聪明的公司会抓住这个机会，利用用户自己想出的点子，把用户当作它们的产品开发者。

下面我们将会深入阐述这些方法，进一步探究实现它们所需要的因素，以及公司应该如何具体实施这些方法。

开放对话的渠道

实行由外而内模式的组织将所有心思都放在用户身上，它们会不断寻找各种方法去了解用户。它们会探索出与用户之间的持续性反馈循环，鼓励用户分享他们的看法和体验。如此一来，公司就可以把用户反馈意见嵌入到日常的经营运作中，并不断提升服务质量。公司重点关注通过持续性反馈循环了解到的信息，从而满足用户的需求，为用户带来更加卓越的体验。最终，持续性反馈循环就可以为公司优先选择哪种发展策略指明方向。

公司需要开放与用户对话的渠道，这一步主要是指收集用户主动反馈（用户主动评论、分享）和被动反馈（用户被调查、访问）的信息。公司不仅需要关注自己建立的渠道，还需要关注其他并非由公司建立的渠道。用户经常会通过邮件、客服电话、社交媒体等渠道，来表达自己的意见。有时候用户会通过产品公司提供的渠道，直接把他们的意见反馈出来，但是通常他们都不会直接联系公司，而是会和自己的同事谈起自己的想法，或者在社交媒体上发泄不满。

因此你需要确保有一个可以让用户将意见反馈给公司的渠道，以此鼓励用户表达意见，而不是试图去回避问题。降低沟通的门槛意味着打开沟通的大门，让沟通变得更加方便。由外而内模式的组织会利用每一种可能的渠道，追踪用户反馈的信息。它们会主动征求用户意见，努力消除沟通障碍，而不会去限制用户表达想法。通过利用多种渠道，这些组织为用户创造出了更多的与公司沟通的机会。这些沟通机会能够为公司带来立竿见影的成效。比如，某项研究发现了一个经验性的证据，用户对于某个品牌线上讨论的参与度越高，这一品牌产品的销量就越能够快速提升。哪怕仅仅只是有人谈论过你的产品，就有可能增加其他人购买这种产品的可能性。

了解用户的第一种方式就是去探索他们通过公司给予的各种渠道做出的自发性反馈，这些渠道包括用户服务电话、投诉邮件等。许多公司都致力于将用户沟通变成自动化的形式，以降低用户服务的成本。然而，如果你为用户提供低成本的咨询、投诉和评论渠道，通常用户对产品的关心程度也会降低。从长期来看，这种行为可能会降低公司与用户之间的沟通质量。

案例分析

用户服务之王 Zappos 网站就是一个很好的例子，我们用它来阐述如何通过建立与用户直接沟通的渠道来增加公司价值。Zappos 是一个线上鞋类零售网站，它以注重用户服务著称，因此拥有众多忠实用户。Zappos 的总裁谢家华（Tony Hsieh）把客户服务中心的接线工作人员看作打开与用户沟通渠道的重要工具。Zappos 没有选择自动化菜单式的用户服务，而是选择让能够维持用户忠诚度的工作人员全年 365 天、每天 24 小时在线处理用户提出的问题——不论处理这些问题需要多长时间。

Zappos 不会用很小的字号把客服电话隐藏在网页里，而是将其放在主页的显眼位置，方便用户随时拨打。客服中心的工作人员接听电话时并没有标准的话术，但是他们都受过如何与用户沟通的培训。Zappos 鼓励用户拨打公司的客服电话，因为谢家华认为这是一个与用户建立密切联系的绝好机会。电话是一种独特的沟通渠道，你在接听用户电话时需要全神贯注：在如今这个信息过载的世界中，这种沟通渠道是难能可贵的。2012 年 12 月 8 日的一通客服电话持续了 10 小时 20 分钟，这是线上鞋类零售行业中时间最长的纪录。Zappos 的工作人员在接听电话时都会严格按照规程进行，通常都会有录音。对 Zappos 而言，与用户进行长时间通话是公司对用户非常用心的证明。

杰弗里 • 路易斯（Jeffrey Lewis）是 Zappos“用户忠诚度团队”的监督员，他说：“Zappos 的第一核心价值观就是用服务感动用户，让我们的团队成员能够在电话中尽可能地与用户进行更长时间的沟通是体现这一价值观的重要方式。”Zappos 的故事和“用户至上”的理念在全球都享有美誉，它在客服领域的领先地位也根深蒂固。

聪明的公司不仅会关注用户直接告诉它们的信息，也会关注用户通过其他不受公司控制的渠道传达出的间接信息。用户在谈论你，但是并没有直接告诉你。通常这些信息都会出现在社交媒体上。因此，对社交媒体的监测成为捕捉用户意见的重要工具，哪怕用户在社交媒体上的言论中并没有直接提到公司的名字。

除了创造便利的沟通渠道，鼓励用户自发性地给出反馈之外，公司还需要主动去索取反馈信息，并不断衡量用户对公司和产品的感受。不论用什么衡量标准——用户满意度还是净推荐值（Net Promoter Score），其目的都是让用户对公司的表现做出评价，从而了解公司是否满足了用户的期望。“净推荐值”这一概念是弗雷德·里奇赫尔德（Fred Reichheld）在他的《根本问题》（*The Ultimate Question*）一书中提出的。净推荐值体系基于一个基本观点，即每家公司的用户都可以被分为三类群体。“推荐者”是公司的忠诚支持者，他们会持续购买公司的产品和服务，并推荐给自己的朋友。“被动者”是对公司满意但热情度不高的用户，他们很容易受到同类竞争产品的影响。“批评者”是对公司不满意的用户，他们和公司的关系就不怎么好了。公司可以根据用户对于一些根本问题的答案将其分为不同的群体。衡量一家公司的发展速度和效率的最好方式就是看其用户群体中推荐者所占比重减去批评者所占比重的结果。这个公式就是我们用来计算一家公司净推荐值指数的方法。

公司可以选取一部分用户为代表样本进行调查，也可以在各种情形下持续地询问所有用户的反馈意见。这两种方法都是可行的，但是目的却不同。在下一章的“闭合反馈回路”部分中我们将会讲到，公司应注意不能疏远用户。

如果使用第一种方式，你可以对用户满意度展开一年一次的调查。用户的反馈信息对于公司制定策略有很大作用，也可以帮助公司确定产品开发的方向、工艺改进的优先顺序。这一方式有利于评估公司的现状，为决策和未来工作的重点提供指导。用户满意度还可以用来当作与竞争对手进行比较的基准。但这一方式的缺点是，它不能为公司收集用户的持续性意见。用户满意度调查不是一种即时、直接的沟通方式，但是它非常客观。

第二种方式是一种持续性的衡量手段，即在与用户产生联系的每种情形下都征询用户的评价意见。举个例子，波利斯电影城是一家欧洲影院集团，用户每一次在线上购票之后，波利斯都会询问他们对于电影、影院服务、观影体验等各方面的评价。将这种评估方式当作与用户定期沟通的一部分，你可以对公司的表现状况有一个持续性的了解，也可以把获得的意见反馈给客服人员和前线工作人员，让他们对于自己的客服质量有一个精准的认知。比如在卡戈拉司公司，每个维修点的员工每周都会收到一份当地用户对于该维修点的意见报告。

追踪用户的持续性意见主要有两个优点。第一，它可以让你不断得到反馈意见，同时这也在公司创造出一种文化氛围，让人人都能理解用户的重要性。第二，它还能让你在服务方面做出补救措施。补救措施的作用是可以及时修补可能破坏公司与用户关系的漏洞。如果用户给出了负面评价，你就可以立即采取措施去解决用户的问题，比如致歉或者改进服务。也就是说，你可以根据反馈面向用户直接做出回应。与用户沟通的多种渠道如表 1–1 所示。

表 1-1　与用户沟通的多种渠道

	非主动提供	主动提供 / 自发提供
直接针对公司		
间接针对公司		

读懂用户的话

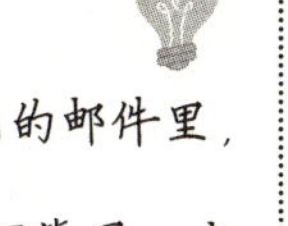

用户都会留下一些蛛丝马迹：可能会在他们发给公司客服部门的邮件里，可能会在他们与客服中心的通话中，可能会在开放式调查问卷的回答里，也有可能会在他们发布的关于你的品牌的网络信息里。

通过分析用户写下或者说过的话，我们可以从他们的遣词造句中了解到很多东西：他们具体用了哪些短语、术语和字词。用户通常不会用你的行业术语，所以这种分析可以帮助你转变沟通方式，用用户的话来与他们交流。这种分析同样也可以被用于营销推广。

公司里的每个人每周都应该至少接听三个用户的电话。这么做有三个目的。

- 这是证明用户重要性的标志。
- 这能够时刻提醒你自己是在为谁工作。
- 这是灵感的来源。

没有什么能够取代公司与用户纯粹、直接的沟通，除了读懂用户意见的总结报告，没有其他方式可以消除你与用户之间的距离。

沉浸式地理解用户意见

我的孩子喜欢给别人讲这样一个笑话。一只兔子走进一家面包店，问面包师："你们有胡萝卜蛋糕吗？"面包师说："抱歉，我们没有胡萝卜蛋糕。"第二天，兔子又来了，它又问面包师："你们有胡萝卜蛋糕吗？"面包师还是一样的回答："不好意思，我们还是没有胡萝卜蛋糕。"他决定制作胡萝卜蛋糕这种新产品，这样他就可以让可怜的小兔子吃到胡萝卜蛋糕，让它高兴起来了。过了一天，兔子又到面包店问他是否有胡萝卜蛋糕，面包师自豪地回答："没错，我们有胡萝卜蛋糕了。"结果兔子却说："胡萝卜蛋糕真的很难吃，对吧？"

虽然这个故事很荒唐，但是这也的确能反映现实中在满足用户需求时会遇到的问题。每一年都会出现成千上万的新产品，但是超过 90% 的新产品都失败了——不只是因为它们对用户需求缺乏关注。公司试图去倾听用户的需求，但是在他们把新产品推向市场时，用户的需求已经不同于往日了。当这些公司没能得到它们希望的结果时，管理层绞尽脑汁也想不明白其中的原因，于是他们就认为用户并不知道自己真正想要什么。但是最终我们别无选择，只能倾听市场的声音：市场永远是产品和服务的最终评审者。

人们在调查问卷里写的话有可能是非常不可靠的。他们可能会在调查问卷里说自己会购买某种产品，但在现实中就望而却步了。除此之外，人们都不擅长在自己还未真正使用某个产品之前就去预测其功能特点。在新产品推出之前，人们会对那些无用的新功能抱有乐观的态度，但是当新产品真正面世之后，他们却不会真的去购买和使用。

关键在于我们应该如何了解用户。考虑到当今商业社会注重定量研究，再加上人们总认为应该用可靠的数据来支持商业案例，我们通常都会选择用计量性的调查来证实自己的假设，但是用户并不是冷冰冰的数据。就算竭尽全力调查和研究用户，你也可能得不到你一直寻找的答案。你可以让自己沉浸在数据的世界里，但是这样能让你产生观点吗？要想真正有所领悟，你需要离开自己的办公桌，真正走进用户的世界，与他们融为一体。对公司而言，调查是一种特定的沟通方式，是收集用户资料和意见的实用工具，有助于获取有效且可靠的数据，为预先得出结论和做出决策提供数据上的支持。但是在探索用户行为背后的原因，或者在发掘用户真正的需求时，调查并不是正确的工具。那么你的调查对象和目标用户群是怎样的呢？用户可能无法为你提供量化观点，那么他们能够为你提供关于“为什么”这类问题的答案吗？的确如此，用户本身能够回答“为什么”的问题。

当谈论到真正理解用户需求这一问题时，除了让自己深入用户的日常活动中，在用户所处的真实环境中了解和研究他们之外，没有其他替代方法。通过观察用户的日常行为，你可以获取很多在其他途径下难以发现的信息。深入用户的世界里，像人类学家那样观察他们，而不是扮演市场调研者的角色，也不需要用问卷作为工具，你的工具就是你自己的眼睛和感受，如此一来，“为什么”这一问题的答案就会不断显现出来。

人种志是人类学的一个分支，它是研究人们生活方式的一种学科。传统的市场调研人员总会问一些明确的、非常实际的问题，人类学研究者与之不同，他们会到用户的家中或者办公地点拜访，以间接方式观察和倾听用户。通过了解人们的生活和工作方式，研究者们能探索出一些并不复杂难懂的趋势，而这有助于公司制定未来的发展策略。以英特尔公司为例，它聘请了人种志专家，建立了工作小组，深入研究诸如电视和电脑将来是否可以融为一体这样的问题。人种志专家的工作就是要理解用户的视角，对其进行解读，传达出用户的深层观念。

在观察用户这件事情上，你不一定要做到英特尔公司那种程度。在用户所处的环境中，你总能发现很多在其他地方察觉不到的东西。你可以看到，当产品的性能不尽如人意时，很多用户会用自己的变通方式和解决方案来灵活应对实际问题。在现实生活中使用某种产品时，用户自己就会注意到产品的问题和使用的障碍，而在脱离现实环境的问卷调查中，他们可能想不到这些问题。此外，深入用户的整体环境还有助于探索出产品核心性能之外的新机遇。

案例分析

我们以 Z-Group 公司为例。这家公司为石油化工行业提供服务，致力于石油化工工厂停工期间的安全服务。停工一般会持续几周的时间，这段时间（一部分）工厂会进行设备更新、维护保养、质量控制等工作。在此期间工厂需要更多的安全工作人员，Z-Group 就是提供这类临时员工的公司。

这项服务在市场中刚刚萌芽，Z-Group 公司的创始人通过观察用户的工厂在停工期间的情况，才发现他们面临的难题比他们意识到的还要多。工厂停工期间雇用额外安全工作人员，就意味着他们需要额外的个人安全物资和装备，在停工结束后这些东西还需要被收集起来，但它们经常会丢失。Z-Group 公司对市场的观察决定了他们的服务不仅限于提供安全工作人员，他们还提供设备租赁、追溯系统的安装等服务，并且提供自动售货机和临时的本地库存。这让 Z-Group 成为一家针对工厂停工期间所有安全问题的全方位的方案供应公司，而不只是为用户面临的总体问题提供一部分解决方案。

Z-Group 公司通过实地观察用户把握住了机遇，这是一个自然而然的过程。Z-Group 公司能够发现这样的机遇，得益于其领导者的敏锐眼光以及对用户业务的真正关注。当然，你也可以以探索解决用户问题的方案为目的，设计一个专门的研究项目来观察用户。

案例分析

我们以泰勒维克公司（Televic）为例。泰勒维克公司为特定的目标市场研发、生产和安装高科技通信设备，主要为医疗、铁路和教育等行业提供服务。其公司总部在比利时，在全球有四百多名员工。其医疗业务部门主要出售护士呼叫系统、内部通话系统、权限控制系统、病人娱乐系统和就诊挂号系统。其护士呼叫系统可以提供通信和通知功能，帮助医护人员回应病人的需求。泰勒维克是一家非常注重创新和技术的公司，但是它很清楚，只有被用户接受，技术才能发挥作用。

为了支持产品研发，泰勒维克公司会在医院进行观察研究。其员工会跟随医生和护士观察他们的日常工作。通过这种方式，泰勒维克公司充分了解了医生和护士在照顾病人、处理行政事务和遵守医院工作流程中都会面临哪些问题。泰勒维克公司不需要问任何问题，只需要通过观察结果，就可以知道哪些产品设计方案是可行的，哪些应该被排除。

这些观察活动都很有用，但是在医生和护士工作期间，你没有太多机会可以去问他们问题——他们忙碌的工作主要是为了确保医疗服务的质量，而不是去回应追问各种问题的观察研究者。为了解决这个难题，泰勒维克公司开发出了"未来病房"，将其置于特定区域。护士可以直接在他们"日常工作的地方"参与会议讨论，这样泰勒维克公司就会有更多时间来深度探索他们的需求和期望。"未来病房"创造了一种尽可能贴近真实场景的环境，让参与者能够自然地工作、活动，而且在这里参与者会遇到一些在平时工作中可能遇到的状况。在这样的环境下，参与者通常会想出很多在脱离他们工作环境的采访调查中想不到的问题。

像这样从实际工作中获得的意见在公司内部是可以共享的，而不是独属于研发部门和产品经理。为了加强内部沟通，方便大家理解，泰勒维克公司会以案例和用户体验报告的形式将研究结果记录下来。所以当有人说"这是为玛丽卡设计的产品"时，所有人立刻就会知道，这个产品是根据一位护士的建议设计出来的。

角色模型

角色模型是用来将你的主要用户群体的特征进行虚拟具象化的工具。它可以帮助你围绕用户展开故事，对不同的用户群体进行定义。针对每一个用户群体，角色模型对其进行相应的记叙：一个名字，一张脸，一幅图片，以及目标用户的日常生活。角色模型可以帮助公司掌握自己所服务的目标用户的数据，并在不同用户群体中建立有效的内部沟通机制。

创立角色模型可以在公司实现对用户的内部讨论，也有助于区分不同的用户群体和探索造成用户行为、态度截然不同的原因。

通过观察和沉浸式理解，我们至少可以得到以下五种收获。

（1）理解用户某些无法阐明的需求。

观察用户最大的好处就是可以发现用户所遇到的问题。通过观察，我们可以区分出用户的显性和潜在需求。显性需求就是用户可以轻易阐明的需求，而他们通常很难阐释清楚自己的潜在需求，这些潜在需求是显性需求背后的真正原因。了解用户的潜在需求是建立在不断问“为什么”的基础之上的。

（2）发现产品的情感效用。

一种产品不仅具有功能效用，还具有情感效用。人们在使用某种产品时会唤起特定的情感，这种情感只有在使用产品时才会被触发出来。举个例子，当你向一位母亲询问她对于婴儿纸尿裤的需求时，她很可能会说一些功能性的效用，例如保持婴儿干爽、防止渗漏、方便固定等。但是当你看见她给自己的孩子换纸尿裤的时候，才会发现这是一个母子之间一对一互动的亲密时刻。你会看到她温声细语地哄着孩子，轻柔地抱着孩子。这就是帮宝适（Pampers）品牌背后的故事，现在帮宝适已经从几年前“仅仅只有”20 亿美元市值的品牌成长为一家年营业额 80 亿美元的企业。技术和功能性效用作为宝洁公司的发展核心，对消费者有着重要影响，但干爽并不是母亲们对产品的本质要求——孩子的健康成长才是。一旦你在产品中植入这种理念，品牌和消费者的关联性以及你所提供的服务都会变得完全不同。帮宝适就在为全球的母亲和婴幼儿提供包括关于健康育儿、母乳喂养等问题的信息服务。在圣诞节期间，帮宝适和联合国儿童基金会合作——只要每售出一包纸尿裤，它们就为有需要的孩子提供疫苗注射的服务。由此可以发现，当你把情感效用与产品联系起来时，就可以以一种全新的方式获得更快的成长。

（3）观察用户使用产品的方式。

通过观察和沉浸式理解，我们可以发现用户在不同的实际情况下会对我们的产品做出什么样的改变，从而更加适应他们的特定需求。

（4）在具体环境中看待自己的产品。

前面关于 Z–Group 公司的案例分析就凸显了从具体环境中看待产品或服务进而发现机遇的重要性：这可以让你看到提供补充性产品和服务（就如同案例中的 Z–Group 公司为了满足停工工厂的暂时性安全需求，想方设法提供设备和材料一样）的市场机遇。在具体环境中看待自己的产品，是为了让产品更好地适用于特殊情境，对其进行改良（比如 Z–Group 公司就意识到，追踪材料设备并将其搬至合适的地点对许多用户来说是一件麻烦事），进而发现更多的潜在收益。最终，我们会发现，在与用户建立联系时，我们能够更好地简化程序，提高效率。

（5）了解用户使用产品的触发因素。

知道用户什么时候以及为什么会使用你的产品，有助于了解你的产品对用户起到了什么作用。“休息一下，来块奇巧”就运用了这种观念，抓住了人们购买产品的触发因素。

利用所有能获知的信息

还记得黑泽尔（Hansel）和格蕾特（Gretel）顺着鹅卵石小径找到回家的路的故事吗？就像黑泽尔在沿路扔下鹅卵石一样，用户通常也会留下他们的踪迹。循着这些踪迹，我们就可以找到目标用户在哪里。在搜寻信息时，使用产品和服务时，与朋友分享体验时，用户们都会不知不觉地留下一些痕迹。这些痕迹都是能够揭示用户行为、潜在需求和相互关联的活动体系的信息。把你追寻到的这些痕迹拼凑在一起，把从各种来源获取的数据进行整合，有助于你对市场形成独到的认知，有助于公司发掘显性需求背后隐藏的真正需求，以及那些未被注意到的隐藏得很深的机遇。但是就像在森林里毫不起眼的鹅卵石一样，我们经常会忽略这样的潜在信息。

大多数企业都会收集关于用户的大量数据。尽管如今企业的分析能力和技术工具都有了显著的进步，但是它们拥有的很多数据都没有被充分利用。大多数公司其实都只触及到了它们能够发掘的各种可能性的表面，而没有将获得的信息转化为可以利用的知识。在现代社会，网络创造出了一个被数据淹没的世界。每种类型的数据都可以描绘出一幅帮助你更好地理解用户的图像，可以为你提供用其他方法得不到的独到观点。如果我们能够看到独立的数据节点背后的宏观图景，就可以把数据转化成见解。这种观察用户的广阔视角包含着这样的观念——你可以利用它产生新产品、新服务、新知识、新价值观和竞争优势。

企业面临的挑战就是要培养自身拼凑信息碎片并发现潜在的用户观念的独特能力。一个用户群体可能会包括几千人，甚至上百万人。每个用户身上都有一块信息拼图，如果收集并拼好所有的拼图，这些碎片最终将会揭示出一种模式。拼凑出的结果会揭开购买行为背后的深层原因，以及行为模式和共同特征，甚至还会揭开未被发现的用户需求。

案例分析

以可口可乐公司的一个新发明为例。这项新发明不是新的苏打水，也不是其他饮料，而是针对消费者选择和购买饮料的体验做出的改变。可口可乐苏打饮料自动售卖机让消费者在购买和饮用饮料的整个过程中拥有完全的掌控权。传统的冷饮柜出售的饮料品种是有限的，而可口可乐公司的这个新机器可以为消费者提供125种不同的饮料选择，就像一台装了各种颜色的墨盒、能够打印出彩色图案的现代打印机一样。源自医疗行业的微型定量分配技术让这款售卖机能够按照可口可乐口味的标准进行精确配比。

消费者可以通过高科技的按钮屏幕与自动售卖机实现交互，挑选自己喜爱的口味进行搭配。在这个过程中，机器中的各种软件程序都在运算着，以确保向正确的位置、在正确的时间分配正确的饮料，并且提供准确的重量。每天晚上，机器都会把当天的详细数据传送回可口可乐公司，包括售出饮料的种类和时间。可口可乐公司已经发现，无咖啡因的健怡可乐在下午三点之后的销售量最高。收集这些数据可以帮助可口可乐公司更加深入地理解现实生活中的消费模式，这是无法通过消费者调查做到的。

像可口可乐公司这样，其收集到的用户交易和购买信息很明显都可以为公司所用。价值 180 亿美元的用户关系管理软件市场很清楚地说明了这一点。在电子商务、金融服务、公用事业、通信等行业的用户交易数据大多都是可以大量获取的。因此，这些行业有一个长久以来的传统——对这些数据进行反复分析，从而理解用户的价值观念，并且预测未来的潜在销量和交叉销售的潜力。如果有些交易数据无法获取，用户忠诚卡和其他忠诚度计划都可以用于获取这些数据。和用户忠诚度有关的计划不仅要刺激用户去选择公司的产品、服务，同时也要激励用户记录自己的消费行为。

案例分析

创业公司 Quidsi 将获取信息的能力发挥到了极致。2005 年，Quidsi 公司创立了线上零售网站 Diapers.com，为新手父母提供所有的育儿必需品。一开始，Quidsi 公司利用消费数据来建立专有模式，用收集到的用户资料理解消费者的典型购买模式。而现在，Quidsi 公司利用位置、人口统计学和消费信息，可以对用户做出精确度相当高的侧写描述。从用户的第一次购买行为开始，Quidsi 公司就可以预测到用户的消费在未来将会给公司带来的整体收益。拥有越多的销量，收集越多的消费数据，对用户的分析就会越精确，这就成为了公司的一个竞争优势。凭借这一竞争优势，Quidsi 公司在 4 年后实现了 18 亿美元的经营收入，并以 54 亿美元的市值被亚马逊收购。那些还没有发掘用户消费数据的价值的公司，毋庸置疑会在竞争中落后并最终走向失败。

除了收集消费数据和用户资料，以及预测未来的交易行为之外，还有其他需要采取的措施。首先我们需要探索隐藏的、未被发现的信息渠道。很多时候，就像黑泽尔和格蕾特一样，用户也会留下一些我们难以察觉的踪迹。而我们的工作就是要找出他们留下的踪迹，并将其转化成自己的见解。

当缺乏有效的渠道时，公司就应该努力寻找能够聚合用户信息的新方式。

案例分析

在 2012 年年中，迪士尼公司为主题公园的游客们引入了一种新的假日管理系统。当游客们来到奥兰多的迪士尼主题公园时，会得到一个电子手环，它不仅记录了游客的信用卡信息，还可以作为酒店的房间钥匙，并且可以用作主题公园的门票。游客们可以选择他们最喜欢的项目，并且在排队等待的人不多时还会通过手环收到前去游玩的邀请。电子手环的目的是提升游客的体验。迎接孩子们的辛德瑞拉（Cinderella）可以叫出每个人的名字，因为当你走近她时，你的个人信息就会通过这个神奇的手环显示出来。如果恰好那天是你的生日，主题公园里的动画人物还会为你送上祝福。这款手环能带给你非常多的卓越体验，例如它可以让购买商品、送货上门变得简单又快捷。一直以来，进入公园的游客和员工都面临着相当多的流程手续，但现在，得益于“MyMagic+”手环，整个流程完全变得自动化了。

很显然，迪士尼公司此举的目的是鼓励游客在公园里有更多的消费。迪士尼公司探索出来的可能性是无限的，但其实它最大的收获并不是提升了用户体验或者提高了管理效率。从长远来看，最大的收获应该是迪士尼公司打开了获取用户信息的新渠道，得到了以前根本不可能获知的信息。迪士尼公司现在可以追踪到游客在公园里留下的每一个足迹。

分析用户的行为模式和路径可以为公司创造一条探索用户信息的新道路，这条路会指引公司为提升用户体验而提供新的服务。

因此，作为总结，你可以问自己以下三个问题：

1. 我们是否充分发挥了所掌握的用户信息的潜在价值？

2. 是否还有其他有效的、没有被我们利用过的信息来源渠道？

3. 我们是否能够创造出收集用户行为信息的新方法？

把用户当作创意源泉

用户是否具备正确的知识，能够详细地阐述他们期望产品或服务拥有的特点？毕竟不是所有用户都是受过专业训练的产品开发人员，他们也不会比开发人员花更多的时间思考产品的问题。让用户把他们的需求转化成具体的产品性能陈述出来，对他们来说要求太高了。特别是他们并没有处在一个自己熟悉的环境中看待产品，这让用户很难明确地表达自己的期望。设想一下，这就像你去问一个从来没有见过谷歌眼镜的人它的主要特点，并让他说出自己希望这款产品应该拥有什么性能。缺乏产品体验就意味着，用户缺乏适当的预演和参照环境来清楚地说明他们的需求。但是如果存在一种可参照的框架，用户很快就能想出一些新点子。事实上，用户的观点有时候比组织内部的专家更具有创新性和突破性。

思考一下泰勒维克公司的故事，想一想它是如何改变创新方式的。在过去，新点子都是研发部门想出来的，研发人员从来都不与用户打交道，产品没有经过严格的市场测试阶段就直接投入开发了。而现在，没有哪一个新点子是不征求用户意见就能直接进入开发阶段的。研讨会和头脑风暴都是用来和用户一起合作产生新方案、新观点的方式。3D 打印机让泰勒维克公司可以创造出基于现实生活的基础样品，而用户可以对此提出反馈意见。

当你把用户当作创意来源时，他们就成了设计团队的一部分，也为完善产品付出了努力。让用户早点参与产品设计的好处显而易见——这可以防止你在市场中犯下难以挽回的大错。

- 与用户合作，首先应该从用户自己的经历和体验切入。最好不要以某种特定的产品为核心，创造一种参照架构，而是应该设计一种围绕任务展开的情境，让用户去完成这一任务，看看他们完成的方式。

- 不要低估用户自愿参与的热情。用户实际上都非常愿意参与产品设计。有时候，创新任务本身带来的简单乐趣就是一个重要因素，尤其是在我们明明看起来是在“工作”，却又感觉不到是在工作的时候。这种工作本身就是非常有趣的，并且具有智力挑战性，对于研发团队之外的人具有很强大的吸引力，特别是当参与者觉得自己是某种伟大事业的一员时。所以，在邀请用户参与产品开发时，把合作形式设计得有趣、有挑战性和具有吸引力是非常重要的。

- 让员工直接参与与用户合作的工作中，这一方法值得推荐。直接沟通会带来很大的不同，这有利于为新产品和新服务创造消费前景。它不仅可以激励购买行为，还可以防止“墓地效应”：当来自外界的想法进入内部的审查评估程序中时，这些想法会因为不是产生于内部而被默默扼杀。

• 用户是你最好的代言人。与用户合作，你不仅可以将他们当作创意来源，也可以让他们在自己的朋友圈中分享他们参与产品开发合作的经历。

• 用户经常会带来意想不到的解决方案。虽然你认为自己也可以想出一样的方案，但是大多数人还是会对用户完全不同的视角感到惊讶，从而想出一些新奇的点子。事实上，公司经常面临这种“局部搜索”的问题：它们一直在寻找与现有经验和知识相近的新观点和新方案。这是阻挡公司找到可能会更成功的其他可替代方案的障碍。来自公司外界的个体能够比公司内部的人站在更好的位置上，能够发现创新性的解决方案，因为他们看待和分析问题的方式不一样。

• 模型可以帮助你把问题具体化，但模型不能解决所有问题。固化的模型不能给用户足够的自由空间，无法让他们去改变或修正：模型中太多的东西已经被设定好了。因此，模型会招来不满和批评，无法得到关于如何改进的新建议。这一过程中的重要部分就是向用户呈现出未完成、未经修饰的概念，但仍然需要让这些概念尽可能地贴近用户的真实经历。

以上这几点是与用户合作开发产品的原则。如果你能够恰当运用，用户就能成为新产品开发团队的一部分，新的产品和服务也就在真正意义上被合作创造出来了。

最近，用户研究的方式得到了丰富和扩展，不再局限于一些传统的工具，比如重点群体研究、问卷调查等。而如今，互联网打开了新的机遇大门，让用户的参与度能够一直持续下去，让公司能够便捷地获取用户的反馈和建议。公司开始在线上平台运用多种不同的方式去了解用户的需求和想法。例如，点子银行就是一个让消费者和用户留下其想法和信息的线上平台。除了投票和分享，公司和平台上的留言者之间通常没有其他互动。参与者可以在这里为新产品或者新功能留下他们的想法，不需要做太多的说明。点子银行主要是作为新产品相关建议的贮藏室，但是它也揭示出了一些市场趋势和见解。点子银行的优点是它特意为用户提供了表达需求的便利渠道，比如像微软公司就会利用点子银行来收集用户对于产品新功能的要求。然而，点子银行还是忽略了线上平台蕴涵的更丰富的潜力。因此，其他类型的线上平台或许更加合适。

市场调查线上社区是公司进行市场调查研究活动的虚拟平台，在这个平台上你可以使用微型调查、焦点小组、讨论会议和概念测试等方式。比起其他常规的线上市场调查，市场调查线上社区的独特优势是它的调查范围可以超越一般种类的交易。线上社区里沟通的交互性提高了讨论的丰富性。同时，比起像焦点小组这样在现实生活情境下的调查，线上社区可以随时随地组织 20 ~ 100 人的线上讨论小组，让人们花更长的时间来讨论产品。线上社区的会议通常都在限定的时间里进行，参与者都是按照符合要求的特点侧写招募来的。喜力啤酒就用了市场调查线上社区来设计未来的俱乐部：120 名懂设计的俱乐部会员参与了一场为期三周的头脑风暴会议，并提供了完整的用户体验地图。市场调查线上社区为新产品的开发和升级提供了灵感，可以产生具体的、可操作的想法。

用户群组也是一样。用户群组可以被定义为产品用户、拥趸和支持者组成的虚拟小组，大家可以在小组里分享关于某种产品的想法和体验，他们通常与产品所属的公司没有正式的联系。公司的产品经理一般都会观察用户群组，有时候还会对其进行赞助，以收集关于产品使用的各种意见，从而帮助公司提升一些产品的性能。在某些情况下，线上社区会相当积极地为某些问题和用户未得到满足的需求提供解决方案。

线上社区的最终形态是在公司的发动之下形成一个让公司与用户交换意见的持续性平台。其中的区别在于，这样的线上社区是没有使用期限的，它可以对所有人开放，或者部分开放（仅对得到许可或邀请的人开放）。在这个线上平台，任何人都可以分享想法，为产品投票，对其进行讨论。

案例分析

阿迪达斯在用户社区方面取得了很大的成就。2009 年阿迪达斯成立 Adidas Insider 社区，当时的规模还很小——只面向美国本地。到了 2010 年，阿迪达斯对全世界的消费者开放这个社区，并在全球范围内招募会员。这个社区实施邀请制，选择的标准是消费者曾经在阿迪达斯发起的活动中的参与程度、对运动的喜爱程度和年龄。对于加入 Adidas Insider 社区的会员，公司没有回馈奖励，它希望人们加入 Adidas Insider 社区是因为想要成为品牌的一分子。阿迪达斯在线上社区调动会员参与积极性的方式，就是给会员布置一些具有创意的任务。它通过短视频向会员阐述自己的问题，请求会员们一起来解决问题。能够直接与阿迪达斯公司的人沟通，是一种提升会员参与度的好方法。会员会觉得他们是在和有血有肉的人一起合作，而不是一个无名的组织。

在 Adidas Insider 社区中，会员可以参与多种多样的活动。活动和互动有两种类别。

第一种是阿迪达斯要求会员给公司提供某些方面的反馈。通常阿迪达斯会向每个会员单独发出请求，或者就某个问题在所有会员中发起一场讨论。这种活动像是一种意见交流的过程。阿迪达斯还会要求会员填写微型调查问卷，以及采用其他一些互动性更强的方式，比如实验室聊天，即限定人数的会员聚集在一起进行紧锣密鼓的讨论。小型子群组在社区中是一种比较私密的形式，它主要被用来和特定的讨论组一起探讨某些特定问题，类似于虚拟的焦点小组。

另一种互动就是会员在非阿迪达斯官方话题中与其他人进行讨论交流，建立他们自己的讨论板块。这些板块也可以被阿迪达斯用来了解用户的想法。让会员自发性地参与讨论是公司收集信息的绝佳方式，可以帮助公司了解最近的趋势，弄懂消费者自己的“行话”。

在运营 Adidas Insider 社区四年之后，阿迪达斯的收益颇多。当然，在社区里产生了很多有价值的用户意见，但是这不是唯一的收获。首先，线上社区是一种快速的、性价比高的方式，公司可以通过它直接面向用户进行市场研究。其次，线上社区提高了会员的参与度，让会员成为了更加有说服力的品牌代言人。

当你要建立一个像 Adidas Insider 这样的线上社区时，要确保你的公司内部有一个强大的团队能够支持这个计划。

回报活跃的参与者

当你运营线上社区时，要对会员的活跃参与给予回报，而不是对他们提供的想法进行奖励。线上社区中公司与用户互动的质量与寿命，取决于用户之间的合作程度，所以建立线上社区的目的并不是要让参与者来竞争。线上社区需要那些能够鼓励会员进行意见交流的机制，以创造出一种分享（和学习）的文化氛围，让参与者建立紧密的联系。参与者之间的人际关系是建立在这样一种感觉之上的——大家都是志趣相投的个体，共同成为了社区的一员。为了实现这些，用户参与讨论以及他们改善社区的行为都需要得到奖励，并且应该为人所知。

一些公司还会在线上社区采用游戏化的方式。在这种游戏体系中，如果会员在平台上积极参与讨论，就会得到积分奖励。这种方式具有很大的优点，它不仅可以培养用户与公司之间的合作，还可以直接激发线上会员的活跃度。会员越活跃，他们得到的积分就会越多。

像星巴克和阿迪达斯这些大品牌不仅会利用线上用户社区，还会利用它们的品牌影响力来吸引用户。这并不是商业公司独有的特权，我们可以以欧洲期货交易所为例来说明。

案例分析

欧洲期货交易所的主要业务是销售金融衍生品。它是一家德国证券交易所旗下的上市公司，是全球主要的金融衍生品交易所之一。它的用户来自全球 700 多个国家和地区，每年的交易量超过了 15 亿美元。

2010 年年初，欧洲期货交易所开始运营共创社区，为其用户建立了一个虚拟的交流环境。一开始，欧洲期货交易所并没有照搬主流社交媒体的模式，而是加强了公司的创新能力，利用每一个机会与用户沟通。线上社区被分成了讨论板块和意见板块。讨论板块主要作为社交工具，引导人们在这里展开对交易和金融等话题的讨论。线上社区的会员主要都是银行或者保险公司的交易员，他们对金融市场和金融产品非常熟悉。通常情况下，他们都是这类话题的专家，非常乐于分享自己的观点，并在这里建立与他们专业相关的人际关系网络。在意见板块，用户可以提交他们的想法。欧洲期货交易所的团队非常敬业，会浏览用户留下的意见，并单独回复每一个人。如果某个想法非常有意思，或者需要进一步的阐释，公司就会把这个想法放在讨论板块，让社区成员各抒己见，从而完善这个想法。欧洲期货交易所的共创社区加强了公司与用户之间的纽带联系，也通过开放的公司文化提升了公司内部的创新能力。

用户给出的非常有价值的意见经常会让公司内部的人感到惊讶，他们原本以为自己很了解这些东西。公司创立的线上社区无法完全取代与用户长久以来一对一的关系，在这样的关系中创新的想法时有出现。但是线上社区的确开辟了一条产生创意的新道路，为用户创造了与其他有着相似问题的人讨论和分享观点的机会。线上社区拓展了讨论的宽度，丰富了议题的类型。比起面对面的交流，虚拟社区是去个体化的安全港，有着更加开放的沟通方式。

以开放的心态接纳用户的意见是每家公司必须达到的要求。你为什么不张开怀抱，通过各种渠道来接纳用户意见呢？开放的姿态不仅可以让你获知更多观点，而且也展示了公司想要积极采取用户意见的诚意，表明了公司在乎用户的看法。那些已经开始与用户合作并共同创造新的产品创意和概念的公司，能够获得以下收益。

- 来自用户的意见可以帮助公司避免失败。
- 在产品开发过程中，关于产品性能的怀疑和争论会减少。
- 产品发布后需要进行重新设计的次数会减少。
- 产品研发部门工作人员的参与度和积极性会得到提高。
- 当用户发现自己的意见被倾听时，他们会更加信任产品，更加愿意参与公司的活动，且会对公司更加忠诚。
- 参与产品开发的用户在将来购买该产品的可能性非常高。通过参与者的口口相传，那些没有直接参与开发的用户也会受到一定影响。
- 用户对产品的接受障碍会降低。
- 在短期内，公司与用户合作会延缓产品研发的速度，但是从长远来看，它会提升产品开发、面市的速度。

对用户说谢谢

为公司提供意见的用户有时候感觉不到自己的建议得到了反馈：他们追求的是公司的开明态度和感激之情。用户希望自己的付出被认同和尊重，这

非常重要。公司在设计合作方案时一定不能忽视这一点。用户为了合作而做的努力，以及他们给出的想法和建议，都应该得到公司的回馈。他们为公司创造了真正的价值，这一点应该得到肯定，这样用户才会把与公司合作当成一件有意义的事情，以后才会有可能继续与公司互动。

有些公司会让合作伙伴或者用户提交一些关于创新的观点和建议，但是这些想法被提出来之后就像消失在了“黑匣子”里一样。其他人是看不到这些建议的，提出者也不知道自己的建议得到了怎样的处理。虽然在某些特定行业，这种保密措施可以为信息提供者带来最大限度的保护，能够防止有价值的想法被剽窃或者被不正当地使用，但是这种措施终究还是弊大于利的。公司需要重视与用户的合作，积极回应用户提出的每一种意见并表示感谢，因为这样才能激励用户创造出更好、更丰富的想法。公司可以通过线上社区之外的方式来回应用户，甚至可以与小规模的用户群体进行面对面的交流，这样可以为公司带来更多收获。

很重要的一点就是：如果你想要让用户自发地参与你的合作创新计划，你需要经常和用户互通信息，并向他们表示感谢。

把用户当作产品开发者

如今，我们之中有些人已经活在了未来，有些人还活在过去。

用户在创意产生过程中的贡献会以两种不同形式呈现出来。第一种贡献是用户揭示了市场上现有产品不能满足的重要需求。这种立足于用户需求的信息（意思就是“问题是什么”），可以在以后公司尝试自主解决这些未被满足的需求时（也就是“我们怎样解决这个问题”）成为一个重要的起始点。第二种贡献更具争议性，也就是用户为解决问题提供了潜在的可行方案。我们通常都认为，用户更善于指出问题所在，却缺乏探讨问题解决方案的能力。但事实并非如此。其实用户有能力找出问题的解决方案而不只是发现问题，他们可以为了满足自己的需求去做到这一点。只不过，我们需要自己去发掘用户身上这种未被开发的资源。

案例分析

1893 年，约瑟芬 • 科克兰（Josephine Cochrane）在芝加哥举行的世界博览会上展示了一项新发明：世界上第一台真正的自动洗碗机。她是一位社会名流，因为仆人经常打碎她精美而珍贵的瓷器，所以她开始自己清洗这些瓷器。据传闻，她曾这样说道：“如果还没有人发明洗碗机器，那我就要自己发明一个了。”在这之后，她创立了自己的公司，即科克兰新月清洗机公司。这家公司生产她理想中的洗碗机，主要出售给酒店和餐厅。最后这家公司发展成为了厨宝厨具公司，隶属于惠而浦公司。

用户不一定非要被动地等待公司改进产品来满足自己的需求：他们通常更愿意自己做出改变。事实上，6% 的用户会改造一种及以上他们平时使用的产品或者创造新的产品，来更好地适应自己的需求。用户所做的产品研发预算超过了公司的产品研发部门的预算。他们希望公司能够采纳他们的想法，将其商业化。但是这是不可能的，用户很多时候只能靠自己来实现自己的想法。

案例分析

菲尔 · 包屈里（Phil Baechler）有了孩子之后，开始寻找办法让自己在更加有限的私人时间里继续保持跑步的习惯。于是他开始在慢跑时带上孩子。很快他就发现，普通的婴儿车不能承受长距离、在各种不同路面上的使用压力，所以他就自己设计了一种专用婴儿车，更适合在跑步时带孩子。1984 年，菲尔创办了“婴儿慢跑”的婴儿车品牌。如今，慢跑婴儿车仍然是最适合在慢跑时带孩子的婴儿车，它具有很高的性能，可以适应各种地形。

朱莉 · 克拉克（Julie Clark）有着相似的经历，她是一位想要和孩子分享自己对艺术和人文的热爱的母亲，在 1994 年创办了“小小爱因斯坦”这一品牌。克拉克收集了许多古典音乐和艺术画作，将它们做成视频给她的孩子看。到 2000 年，这一品牌的总收益将近 4 亿美元，并被迪士尼公司收购。

这些案例都说明了“用户创新”这种现象的存在。每个年代都会出现用户创新，而且远比我们想象的更加普遍。我们可以举例说明，在帆板、滑板和滑雪运动中，43% 的关键创新都来自于终端用户；对于科学仪器，77% 的创新也都是来自使用者；在生产婴幼儿产品的公司中，84% 的公司的创始人原本都是这类产品的用户，比如父母和祖父母。这些创新者在现有的市场中找不到符合期望的产品，所以决定自己做出理想的产品。有一些产品具有极大的革新性，比如菲尔 · 包屈里的慢跑婴儿车和约瑟芬 · 科克兰的洗碗机。

创新者试验和创造一种全新的问题解决方法，一开始都是为了满足自己的需求。这时他们通常不会想到把自己的创造商业化，利用自己的创意来获取利益。当他们的创意被别人发现并且使用之后，商业化的想法就开始出现了。一旦创新者开始公开地使用这种产品，其他人看到之后通常都会给出反馈，有时还会表现出想要购买的兴趣。这种兴趣通常都会触发创新者创办公司的想法。

很显然，用户创造出的想法蕴藏着巨大的财富，等待着公司去发掘，并将其推向市场。在这些有创新想法的用户中，只有 2% 的人为自己的创意申请了专利，还有许多人免费分发自己的产品。在对商业和零售银行服务的研究中显示，85% 的银行业务在被银行提供之前，用户就已经学会自给自足了。换句话说，我们只需要保持敏锐的观察力，留心用户正在做什么，从用户那里获得他们关于产品和服务的想法。来源于用户的创新可以替代产品研发部门，成为公司绝佳的创意来源。

在进行成功的创意尝试方面，产品用户比其他人具有更加显著的优势。首先，用户肯定是以需求为基础来进行创新的。他们体验到的需求可能会带有个人特质，但是通常情况下，这些需求都是具有共性的，可以在更加广泛的群体中引起共鸣。因为产品用户对于自己的需求和解决方案都有优先获知的便利，所以他们可以产生有创意的观点。用户不仅了解自己的需求（这项产品有什么用途），对于如何使用产品也有自己的独到见解，他们会自然而然地把产品使用的体验融合到产品最初的设计理念中去。除此之外，用户通过社群交流或者通过自己公开使用创新产品，可以得到市场的反馈，对市场需求形成清楚的认知。

在产品生产上，用户和公司之间的界限逐渐变得模糊。消费者自己就扮演了产品开发者和生产者的角色。聪明的公司不会把这看成一种威胁，而是一种可以合作的力量。

以上内容都在告诉我们，我们驱动用户创新的方式不应该只局限在了解用户需求上，更应该去激发我们的用户群体中已经显现出来的创新潜力。如果用户有想法，并且愿意分享，你却没有给他们机会去提出和分享想法，他们就会远离你——或许有些人还会带着好的想法自己去创业，那么你永远也不会从用户身上得到任何东西。

释放新的潜力

在本章中，我们提出了五种不同的方法，用来与用户连接，探究用户的观点，并以用户需求为基础引导创新。这些方法可以用类型矩阵进行全面总结和概括，如图 1–1 所示。不同的公司，出于不同的目的，学习和使用这五种方法的方式也是有区别的。根据这五种方法，公司既可以被动观察用户，也可以主动征询用户意见。被动观察包括观察用户的创新行为，追踪和分析数据。事实上，在被动观察中，公司观察到的都是用户正在进行的行为，并没有对其直接进行干预。主动征询就需要公司招募参与者，并对参与者进行直接干预。第二种方式着重强调的是公司希望得到什么，这可以是一种观点（用户的需求是什么），也可以是更进一步的解决方案（应该怎样满足这一需求）。

沉浸式地理解用户意见

利用所有能获知的信息

把用户当作创意源泉

把用户当作产品开发者

图 1-1　方法矩阵

第二种方式强调我们应该积极寻求用户意见。来自用户的持续的反馈以及对于用户需求的沉浸式理解都属于这个范畴。这两种方式都需要用户主动与公司互动，需要用户被邀请参与公司的创新活动，其目的主要都是探索未被满足的用户需求。我们认为，公司可以通过积极征询用户意见，既让用户更好地传达自己的需求，又将用户作为构想实际解决方案的创意来源。虽然有了这两种方式，但我们实际上只利用了与用户连接的所有可能性的一半。被动观察取决于发掘的信息是否本来就已经存在，不需要让用户自己去获取和使用。最后，我们探讨了如何发掘用户作为产品开发者的潜能，因为他们能够为了解决自身需求而去探索现成的方案。

小结

- 成为一家实行由外而内模式的公司，第一步就是要深度挖掘和用户之间的联系。
- 持续不断地倾听用户意见，寻求新的观点。
- 让自己像海绵一样，不断吸收关于用户的各种信息。
- 抓住在日常生活中与用户互动、了解用户的机会。
- 充分利用各种方式了解用户。
- 让自己深入用户的日常活动，成为用户生活或工作领域中的专家。
- 让用户成为你的合作伙伴，不要低估用户产生创意的热情和能力。
- 公司可以通过让用户成为“自己人”的方式来和用户建立联系。不要把用户当成局外人，而是应该把他们当作公司的一分子。

开始行动

- 为用户建立一个持续性的反馈回路。
- 为用户创造便捷、低门槛的沟通渠道。

- 不要只是询问用户，还要观察用户的行为。
- 在每一次与用户互动中，为自己掌握的信息建立一个详细清单。
- 想方设法获取能够实时反映用户行为的个人信息。
- 通过建立用户社群直接了解用户对产品和服务的体验。

第二章 02

通过持续创新转变长焦镜头：建立动态目标，不要坐以待毙

“如果我们不能持续不断地创新，就没有生存下去的机会。”

——杰奎兹 · 霍洛维兹（Jacques Horovitz）

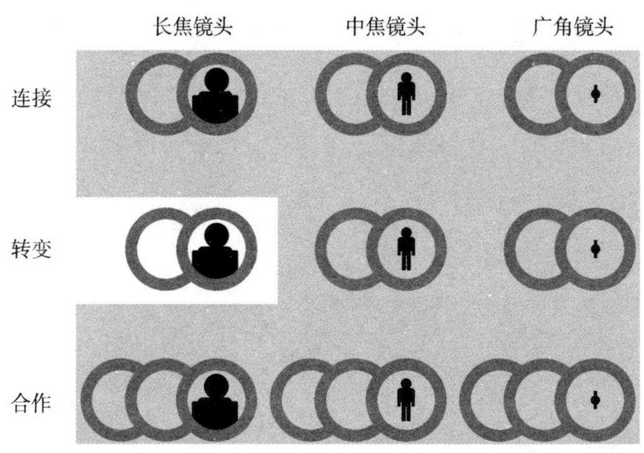

在过去的几十年里，没有比创新更具有讨论热度的商业话题了，只有创新才能生存。受到这一理念的驱使，很多公司都把创新作为发展策略的优先项。有些公司已经开始开展创新项目，任命创新领导者，想要成为改变游戏规则的玩家。那些成功的行业创新领袖，比如苹果公司，吸引了无数的目光。创新理念比以往任何时候都更加受到追捧。博客、商业评论网站、经理人相关的刊物和书籍都在讨论创新秘诀。在亚马逊网站搜索“创新”这一关键词，会得到超过 7 000 条结果。然而即便如此，许多公司在创新道路上依然是困难重重，其中一个原因就是“创新”这个词似乎已经被限定为做出巨大改变的意思，必须要伴随着彻底的突破。在这样的观念之下，创新成为了一种难以捉摸、几乎难以实现的目标。一些颠覆性的创新确实为一些公司创造了巨大的财富，同时也宣告了另外一些公司的末路，这说明后者的创新潜力没有被充分开发利用。而且，正如我们所说的那样，这种创新观念会让那些一直寻求创新的管理者们认为，创新是一件遥不可及的事情。

增量式创新和颠覆性创新通常会被描绘成两种截然不同的创新。这些创新都产生于各种不同的目的，需要用不同的方法来实现。我们认为，卓越的增量式创新就应该像火车一直在正轨上运行一样；颠覆性创新就是创造突破性的商业模式，不是让火车走上正轨，而是对火车进行完全的重造。但是，如果我们认为不实施增量式创新就能成功地实现颠覆性创新，那么这就完全是一种错觉了。如果一个组织不能持续实现小的创新，那么它也绝对不可能成功实现颠覆性的突破创新。为了让组织更好地接纳创新，我们必须要让组织适应持续不断的变化。

所有关于创新问题的讨论并不仅限于颠覆式改变和根本性突破。创新其实就是每天的进步和改变。在努力追求大跨步的改变时，我们总是忘记了每天走出的每一小步的价值。在所有种类的创新中，我们除了应该重视颠覆性创新之外，也应该给增量式创新留下一席之地。

增量式创新就是指对已有产品和服务进行改进，从而更好地适应用户现有和潜在的需求。增量式创新为商业带来了价值，并且可以帮助你建立动态目标。有效的增量式创新和快速的产品持续面市能够让你在竞争中一直保持领先地位。研究表明，引入增量式创新对公司的市场份额和经营表现会产生重要影响，而且对公司的生存状况也会有间接影响。首批引入重要的增量式创新的公司都获得了极大的市场优势。不过即使你没有最先引入增量式创新，模仿创新也是有助于你在市场中取得成功的。不断跟上新的发展方向，这是使你区分于其他组织的优势，可以为你创造比竞争者更多的机会。不断创新，你的组织才能获得长久的发展。

然而，增量式创新也有可能成为一个致命陷阱。如果没有用户需求的驱动，增量式创新就有可能造成产品无用功能的附加和毫无意义的差异化。如果公司努力实现产品差异化只是为了超越竞争者，那么同时也存在着脱离用户实际需求的危险。实际上，在增量式创新中还蛰伏着以下三种风险。

（1）功能膨胀。这一风险体现为公司为了在竞争中实现差异化，在产品上堆积太多的功能。通常来说，公司这么做是为了用一种产品满足所有用户群体的需求和期望（就像瑞士军刀：你可以用它来做任何事情）。最终呈现出的产品性能对于用户来说是过剩的。这样生产出的产品也是缺乏竞争力的。数码摄像机的行业领导者在竞争中被一家创业公司打败，亲身体会到了这个深刻教训。这家创业公司推出了一种价格便宜的小型简易摄像机，在各个方面都次于当时的已有产品。但是用户不需要阅读像小说一样冗长的说明书就可以直接上手使用这款摄像机。这款摄像机在面市两年之后占据了 20% 的市场份额，后来公司又推出了更加高级的产品，成为了市场龙头。

（2）**功能过度。**当产品和服务开始超出市场的主流需求，就说明已经过度了。过度的一个标志就是用户开始不愿意为公司附加在产品上的新功能额外买单，另一个标志就是该产品的高端用户群体变得越来越小。这类用户追求最高的品质，通常愿意为高价产品买单，这一群体的缩小恰好说明公司的产品升级过度了。

（3）**无意义的差异化。**当所有的方法都已经尝试过之后，还能实现产品差异化的方法就是找到哪怕最细微的能让你的产品与众不同的区别。这通常会带来这样的价值推论：当产品或服务具有与其他竞争者不一样的特点，我们就自然而然地认为用户会看重这一点，认为我们的期望理所当然可以实现。然而事实却相反，差异化对于用户无关紧要，我们试图在一些琐碎的功能上进行差异化，用户却并不会在意。

考虑到上述的这些问题，你就会明白为什么人们总是觉得在增量式创新中付出的努力都没有回报。然而事实恰好相反：在现在的所有行业中，产品的增量式创新是一个至关重要的竞争因素。我们必须珍惜每一次创新，微小的进步和突破的跨越一样重要。其实增量式创新可能会比突破性创新更需要市场需求的激励。对从用户那里得到的信息进行解读，了解他们的需求，不断进行升级、改造和创新，这些是增量式创新的基础。增量式创新的目的是更快并且更有效地超越竞争者，它完全是基于市场的创新。实行由外而内模式的组织不应该坐视不理，而是应该不断地把用户意见融入对产品和服务的改进之中。

利用“关联性”发展模式

真正倾听用户意见并不是一种营销噱头，而是每家公司发展策略背后的根本驱动力。这意味着要让用户在他们与公司的交易中成为积极主动的参与者，对公司的行为有话语权。我们针对新产品开发所使用的方式是和“大爆炸”发展模式恰好相反的模式，也就是“关联性”发展模式（参见图 2–1）。

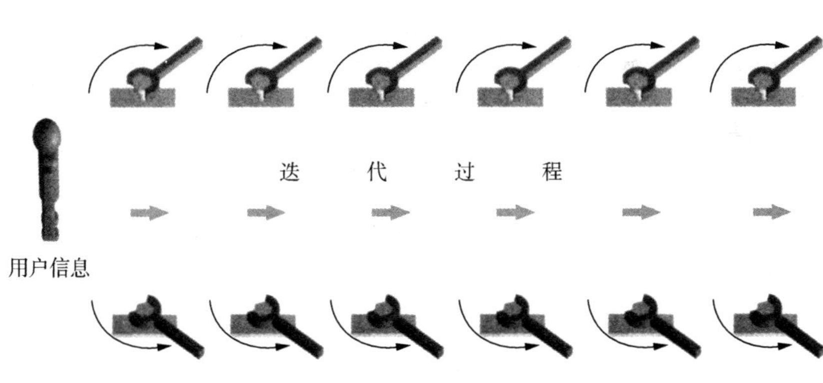

图 2-1 关联性发展过程

“大爆炸”发展模式是这样的：新产品的研发是秘密进行的，人们对新观点也是守口如瓶的。公司对用户进行研究，只在公司内部对得到的研究结果进行交流，直到推出一种公司认为符合用户期望的产品。“大爆炸”模式的产品开发是为了给公司配置一种标准化的流程，以线性步骤为基础，尽可能减少不必要的重复迭代。这一流程基于一系列事先定义的、预设好的用户需求。虽然“大爆炸”模式的产品开发可能会在测试产品性能时参考用户意见，但是用户不会再有进一步的深入参与。这样的理念默认了公司可以独立自主地进行产品的设计、开发，分析市场信息，控制销售渠道，并且不需要或者很少借助用户的意见，几乎不需要与用户互动。最后，公司推出的新产品或者服务都是靠巨大的沟通预算支撑起来的：这就是“大爆炸”！

如今，在我们生活的世界里各种门槛越来越高，只依靠传统的线性模式已经不够了。“关联性”发展模式能够让用户参与其中，他们也乐于参与，并且会越来越多地要求参与。在这种发展模式中，我们利用的是开放式的迭代性过程，在这一过程中用户是主动的参与者。表 2–1 列出了“大爆炸”发展模式和“关联性”发展模式的区别。

表 2-1 “大爆炸”发展模式和“关联性”发展模式的对比

	“大爆炸”发展模式	“关联性”发展模式
用户的角色	被动	主动
公司的控制程度	高度控制	共享
过程	封闭式的线性过程	开放式的重复过程
关键特点	保密性	参与性
主导理念	为用户创造	与用户共同创造

闭合反馈回路

为了发掘持续性的用户反馈回路的优势，我们需要做好两件事。第一件事就是和用户连通，打开沟通渠道，我们已经在第一章中讨论过这一点。第二件事就是对用户提供的信息采取行动。

闭合反馈回路是指公司对用户提供的反馈意见做出回应。对于打开沟通渠道获取优势以及避免反作用效应来说，这是至关重要的。用户与你沟通是想得到你的回应，如果你一味追问用户的意见而不对他们做出回应，比起不询问用户意见这更容易让他们对你产生否定的评价。对用户提供的信息采取行动主要体现在两个层面。第一个层面是对单个用户进行及时回应；第二个层面则是对用户的反馈进行收集整合之后，分析出系统性的模式。

衡量用户满意度的价值并不在于了解用户对你有多满意，而在于你是否了解用户给你的评价背后的真正价值。想要得到用户的更高评价还需要做什么？你没有做到的是什么？你需要为用户解决的最明显的痛点是什么？哪些用户对你的评价更高？这类用户是否代表了某个特定群体？你能够从自己得到更好评价的领域中发现些什么？在这一领域中，你的行为和其他领域有什么不同？你可以把这种差异延伸到更大范围吗？聚焦于这些问题可以让你完善一些系统性的缺陷。

用户的意见和评价可以帮助你做出策略性选择，合理配置资源。对用户不满意的地方进行完善，最终将会降低成本。你可以摆脱 20% 的用户投诉，并且能够节约 80% 的时间。完善你的产品和服务可以降低处理投诉、召回和修理产品、为用户服务的成本。用户满意度高的公司可以在修护用户关系、重新获得流失用户、为了弥补流失用户而获取新用户等方面花费更少的时间和成本。

案例分析

我们以苹果公司为例。在苹果公司，了解用户意见并不是一年一次或者一个季度一次的工作，这是它旗下三百多家苹果品牌门店日常管理工作的核心任务。来自用户的评价可以让门店经理有所准备，用服务补救电话来回应用户的不满：他们会在 24

小时内给每个不满意的用户打电话。这些电话沟通的结果，再加上用户的评价，为公司员工提供了重要的指示性反馈信息。

研究发现，苹果公司的经理与不满意的用户进行电话沟通之后，这些用户会更加忠诚地购买苹果的产品和服务。进一步研究表明，与不满意的用户每进行一小时的通话就会产生超过 1 000 美元的销售收入。换句话说，在与用户通话上付出的努力是非常有价值的投资，并不是额外的成本消耗。

持续关注微观创新

前文已经提到，成功实施一项由外而内的创新活动应该从平时关注能够提升产品和服务的每个机会以及获取用户的反馈和观点开始。为了实现这一点，创新过程必须要嵌入整个组织。只把创新任务交给那些工作职能中有“创新”这一项的人会错失很多未被发掘的机会。寻找方法为用户创造价值的责任应该成为整个组织内所有人共同的责任。这是一项集体任务，应该由所有人共同完成——而不只是直接与用户接触的一线员工。

有效回应市场需求通常需要组织内不同部门的共同参与。这可能需要产品管理部门对新产品进行概念化，运营部门确保这个概念可以实现，研发部门进行产品开发，客服部门提供售后服务，诸如此类等。因此，组织内部的各个职能部门一定要共享用户信息。所有人都参与其中，并且都了解情况，这是协力合作的基础，同时也能够消除很多障碍。如果每个人都能清楚理解一项创新背后的用户需求，那么这将会为公司内部员工的合作创造一个共同基础。我们通过分析法国之家为了持续创新而实施的各种举措，对这些原则进行详细解读。

案例分析

故事开始于1996年，服务营销专家杰奎兹·霍洛维兹提出了一个独特的想法，成立了法国之家研讨会。在住宅行业的研讨会议上，霍洛维兹教授曾经多次为来自全球各地的高层管理者和经理人讲授课程。他发现，要找到适合举办此类研讨会的地方其实是很困难的。后来他发现了新的机会，他认为应该以全新的方式举办住宅行业的研讨会和讲座，而且这要以用户的需求为起点。通过观察，霍洛维兹发现大多数举办研讨会的地点都不太符合参会公司和专业团队的需求。会议室通常都不是那么舒适，设施也不够齐全，也没有足够多的娱乐方式能够让参会者放松心情，他们很难轻松自如地互相聊天、认识和了解彼此。相关的服务缺乏灵活性，不能很好地满足参会团队的需求，或者处理一些事先未知的参与请求。对于组织者来说，满足这些需求不仅花费时间，而且难度也很大。任何附加的服务请求都需要统一额外收费，这通常会增加研讨会组织者的成本，降低价格的透明度。总而言之，不合适的地点和不理想的研讨会只会减损用户的参与热情，不会对其有任何促进作用。

考虑到这些，法国之家研讨会这一想法就在霍洛维兹的乡村别墅里诞生了。他是法国第一个提出要为企业会议、培训项目和研讨座谈提供专有场地的人。用户立刻就对这种想法产生了极大的兴趣，随之而来的就是在巴黎以及欧洲其他地方开辟的新的会议场所。如今，法国之家已经是一家年收入超过9 000万欧元的公司，从成立以来实现了两位数的收入增长速度。

基于完全以用户为中心的文化，法国之家一直以来都非常关注产品和服务的改进，力求更好地适应用户需求，提升整体服务质量。这一创新理念与持续不断地寻找现有产品与服务中的问题是紧密相连的。没有什么是神圣不可侵犯的，任何一切都可以被质疑。以用户为本的组织会要求自己不断倾听用户的需求和反馈。在法国之家，这意味着每年要调查500万个用户的满意度，也意味着要用大大小小的变化对产品和服务做出持续不断的调整，解决用户的问题和需要。为这一理念奠定基础的核心价值观念是对用户的关爱。但是，持续的创新不仅仅是创造一种文化，也需要创造能让这种文化发挥作用的过程。带着这样一种理念，法国之家实施了一系列创新举措。

甜还是酸

在研讨会的最后一天，每个参与者都会被要求在现场完成一份满意度调查问卷，这份调查问卷叫作“甜还是酸”（sweet or sour）。参与者需要在问卷中留下姓名，根据他们参会体验的各个方面——从服务和组织（接待热情程度、会场清洁程度、餐饮质量）到参会地点（普通客房、会议室和休闲活动），评估自己的满意程度。除此之外，参与者需要说明将来是否还愿意来到这里参加活动，以及是否会向其他人推荐法国之家。在会场完成“甜还是酸”的调查问卷之后，会场经理将立即根据被调查者的意见对相关问题进行改进。

“甜还是酸”调查问卷的回复率超过了90%。法国之家收到的所有反馈都会由用户关系管理团队进行系统性整理和分析，而且该团队要据此编写月度报告。用户评价都会被收集起来，作为每年进行投资会场地点的重要依据。来自用户对产品和服务质量的反馈信息构成了公司为了满足用户、超越他们的期待而不断提升自己的灵感来源。

用户顾问委员会

用户顾问委员会由一群公司用户组成，每年会举行一次为期一周的法国之家研讨会。用户受邀参与研讨会，就公司的管理和服务问题进行非正式讨论，提出他们自己需要解决的问题。同时他们还会进行头脑风暴，探索出一些他们希望法国之家能够实施的新点子。

黄金眼

法国之家不仅会让用户提供反馈意见，还会征询员工的意见。来自公司内部的视角被称为“黄金眼”，在法国之家的每个研讨会地点都会有一个笔记本，叫作“黄金之书”。这个笔记本就是为了记录来自员工对于彼此以及对于公司的具体想法和建议。

公司鼓励员工去发现有待提升的地方，并把它们写在“黄金之书”里。这个笔记本为员工表达中立的、不针对个人的意见创造了途径，因为员工不需要当场写下他们的想法和建议。

“不一样的”一周

每一年，法国之家的高级管理层都要花一周时间来做普通员工的工作。这不仅能够让管理者在接替员工工作的过程中对这些员工的付出产生新的感激之情，而且也会让他们在日常的工作流程中碰撞出不一样的结果。因此，“不一样的”一周总能产生很多改进公司的新点子。

新想法实验室

在新想法实验室里，员工们有正式的授权可以想出新点子并对其进行测试。他们会固定会面，共同分享创意，探讨如何进一步推动其变成现实。

新想法年度展会

法国之家每年都会举行一个公开展会，人们可以在会上展示各自想要实施的新创新。在法国之家研讨会的任何一个会场，只要你有了新想法就可以去尝试，如果成功了你就可以在年度展会上公开展示。通过这种方式，参与者非常愿意分享最好的实践项目，吸收和借鉴他人的想法。

有一点非常明确，对于用户导向性的持续提升和创新不是取决于某一个单一管理程序，也不可能只是某一种举措。它是一系列的创新措施，需要发掘出所有能够实现增量式创新的机会。同时，公司与用户联合创新的举措为公司持续不断做出改变和实现创新创造了一个广泛的基础。从法国之家的故事中，我们还能清

楚地得知另一点，超越其他竞争者这一动机并不能驱动创新。创新的动机完全来自于想要更好地满足用户需求这一愿望。

在整个组织内开展创新

人们的误区之一就是总认为直接的用户反馈只和前线部门有关系。那些非常重视把持续性的用户反馈融入生产经营过程的公司都不会把创新工作只分配给营销部门和服务部门，或者是各个地方的分公司。高层领导会直接参与创新工作，那些与用户没有直接联系的部门也需要完全参与到创新循环中。

首先，直接与用户沟通并负责解决用户问题的高层领导团队会向公司内部和外部传递重要的信号，他们对用户的关注可以明显体现出来。公司应该优先考虑用户，用行为证明自己以用户为本的理念，这比那些被搁置在策略报告里、被言辞美化了的工作任务更加重要。记录用户的观点和意见有利于员工理解和共享，这一点至关重要。公司可以通过研讨会、案例备份和手册编写等方式来完成这项工作，它们都可以帮助公司记录用户信息。

其次，在整个组织里共享信息可以让那些没有直面用户的部门更好地理解自己在创造条件帮助组织更好地满足用户需求的工作中扮演什么样的角色。行政人员和支持部门通常会划分界限，这既有可能促进也有可能阻碍用户公关部门的工作。例如，一家大型零售银行的技术部门所开发出的用户关系管理系统的性能，会在个体层面上对销售人员与用户之间的关系产生直接影响。

最后，共享用户信息，并共同分析用户对产品和服务的评价，有助于创建一种用户至上的公司文化。你关注什么，可以体现出你所重视的是什么。某些公司从来都不会去讨论用户问题，那么他们很显然不会把用户当作一个足够重要的方面提上议程。但是还有一些公司，它们每个部门的会议都会从回顾最新的用户评价开始。显而易见，在这样的公司里，每个人都知道用户的事就是每个人自己的事，用户才是最终付员工工资的人。

魔镜啊魔镜

用户反馈的重要性无可替代，你的公司里负责客服工作的员工会证明这一点。但是为什么只有前线员工能够直接得到用户的反馈意见呢？

每个人都应该共享从用户那里直接得到的反馈信息，这应该成为公司的一项政策。

利用全部潜能

通过法国之家的案例，我们明白了对产品和服务的改进以及持续不断的增量式创新不是单独一个人或一个部门的责任。成功的创新并非取决于一个有远见卓识的领导，而是全公司共同分担责任的结果。如果我们能够让人人都负起责任，就可以调动整个公司的全部潜能。通常来说，很多想法都隐藏在组织内部，我们只需要把它们发掘出来。因此，我们需要鼓励和推动每一个人，为组织内部新想法的诞生提供催化剂。

公司内部的创新团体为员工提供分享、讨论观点的平台，有助于促进这一过程。像礼来制药公司和德勤会计师事务所这样的公司都创立了线上创新团体，为热衷于创新的员工创造了一个聚集在一起共享观点的便利途径。为了提高参与度，线上团体还会以线下集会作为补充。

像这样的内部创新团体可以对公司文化产生巨大的影响。增加创新能力的第一步就是在组织内部培养灵感，通过给员工授权来改变他们的思维模式，这一点可以反映在公司文化中。从公司内部发掘创新观点，以此为明确目标建立创新团体，可以让员工意识到自己在创新过程中能够发挥的作用。创新团体让每个人都有机会为公司贡献自己的力量，而且给了每个人都可以提供创意的正式授权。

在一个拥有众多部门的大公司里，创新团体可以打破部门之间的障碍，可以让公司得到不同员工对于各种想法的学科交叉性的观点。全组织的创新大门只有通过合作才能打开，新的观点需要各种不同视角的碰撞才能催生出来。为了激发员工们的创新潜力，我们需要不同部门的人相互审视和评价，将创新理念在全组织贯彻到底。

案例分析

一家大型家用电子产品公司实施了建立创新团体的举措。在这个项目开始时，公司设立了创意区——员工可以在此进行一些创意思考，公司会在此进行头脑风暴会议。被称为“野鹅”的公司外部人士也会被邀请到创意区提供一些新观点。公司还会组织讲座，并在创意区设立图书馆，为员工提供能够激发灵感的书籍。除此之外，公司还会举行不同主题的灵感讨论会，而且主题不仅限于公司的产品、服务和市场。

后来，这家公司建立了线上论坛，继续跟进灵感讨论会上产生的创意。这个论坛主要是面向内部的，虽然有时候公司外部的各种领域的专家也会受邀参与团体活动。创新团体的建立是为了培养创新观点，改变公司文化，使其更具有创新性。这家公司成功达到了目的，在三年里收获了 500 多个创意。在参加团体讨论的人中，有些人的日常工作和这个项目没有直接的利害关系，但是他们依然提供了有价值的信息。这家公司的某些产品就是来自创新论坛的产物，比如将电视架和电视墙结合一体的新产品。这个创意来自于一位成本核算会计，这完美印证了人员多样性对于发掘创意的重要作用。

除此之外，公司还会组织构思研讨会，邀请一些专业的外部人员参加会议，最大限度地发掘参与者身上的创新潜力。这些研讨会通常会进行一天半的时间。因为全公司都对研讨会有高度兴趣，所以它经常在线上进行，人们会在虚拟平台上度过一段快乐时光。后续还会有线下活动——创新展会，所有成功的新创意都会被作为典范推荐给市场营销部门和管理层。

小结

• 不要再迷恋突破性的创新项目：对于小的创新要像大的创新一样重视。

• 用户需求应该成为所有创新举措的激励因素和起始点。

• 在两个层面上建立闭合反馈回路。第一，对于完全不满意的单个用户立即采取措施。第二，发现所有目标用户的整体性模式，根据这种模式改进生产经营过程以及新的产品和服务。

• 绝对不要停滞不前，而是要持续关注微观创新。

• 在组织内共享用户反馈信息非常重要。与用户打交道不仅是前线员工和销售人员的事情。公司内部的每个人都应该以某些方式创造条件使公司对用户需求进行有效回应。

• 通过在公司内部共享用户信息，以用户为本的文化理念就会逐渐形成。

开始行动

- 建立一个用户闭合反馈回路的流程。
- 定期浏览用户的反馈意见，并制定行动方案，处理相关的问题和意见。
- 不要再认为微观创新不具有创新性。
- 设计一系列方案，让员工参与到公司的持续创新举措中。

第三章 03

与用户合作：把用户置于核心位置

“当面临着是观察竞争者还是观察用户的选择时，我们总是会选择观察用户。”

——杰夫 · 贝索斯（Jeff Bezos）

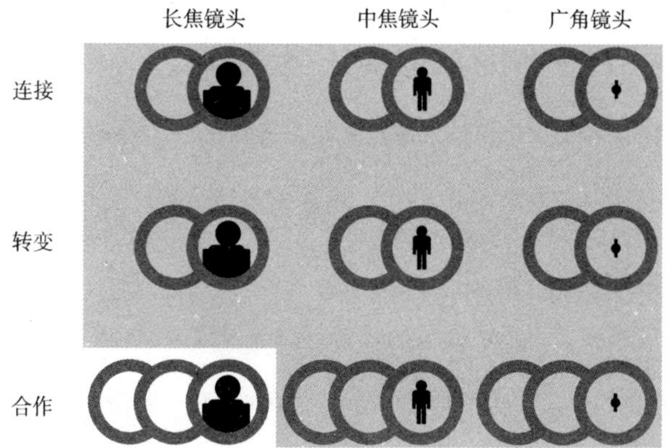

利用第一重长焦镜头意味着要把用户放在所做的每一件事的核心位置。

案例分析

我们以 Zipcar 公司的共享汽车服务为例。Zipcar 是这一领域的全球领导者，它经常被认为是第一家真正意义上实行共享消费模式的公司。2013 年 3 月，艾维士巴吉集团以五亿美元收购了 Zipcar。Zipcar 公司创立于 2000 年，是共享经济领域的先驱。所谓共享经济就是一群人共同使用实物产品，产品不属于个人所有。Zipcar 靠汽车租赁业务起家，这一领域被赫兹公司和艾维士公司这样的行业巨头所垄断，但 Zipcar 却利用按小时租赁的方式开拓出了新市场。与此同时，汽车租赁行业的巨头们长期以来都在为了停车场建设地点的问题相互争斗。在这些大公司彼此不断竞争的同时，Zipcar 公司已经在汽车共享行业占据了 80% 的市场份额，基本上没有受到行业内领头公司的影响。

谈及成功的关键，Zipcar 公司的联合创始人罗宾 • 蔡斯（Robin Chase）这样说到："用户是我们开展业务的前提和中心。" 2000 年，蔡斯在马萨诸塞州的剑桥市与安特耶 • 丹尼尔森（Antje Danielson）一起创立了 Zipcar 公司，他们两人改变了城市地区的人们使用汽车的方式。人们不再需要在汽车租赁柜台前等待很长一段时间，Zipcar 首创的技术让用户可以在线上预定汽车，并且可以用会员卡在专门的停车点给车开锁。喜欢新事物的年轻用户很快就掌握了使用方法，能够在忙碌不迭时找到附近的停车点，租用一两个小时的汽车。Zipcar 很快就在这群用户中掀起了新的潮流。Zipcar 最初只是一个有趣的新想法，如今已成为共享汽车的行业领导者。在 2012 年末，它已经拥有大约 77 万名会员，实现了 2.8 亿美元的经营收入和 1 720 万美元的税前利润，其收入的年增长率达到了 17%。

汽车租赁是一个利润非常低的消费行业。Zipcar 公司究竟做了些什么，让其用户忠诚度远远超出了这一行业的传统用户？首先，Zipcar 并不是主营汽车租赁业务的公司，而是一家提供共享汽车服务的公司。Zipcar 公司用敏锐的目光找到了核心用户——大城市里人口密集的区域中没有负担、没有子女、经济相对宽裕、可能是单身的年轻（20 岁到 30 多岁）消费者。换句话说，Zipcar 的目标用户就是那些与美国传统消费者不一样的、想要改变生活方式的人们。在一个几乎人人都有车的国家里，没有车就是一种对自己价值观的有力声明——环保和经济是这群用户最重视的价值观念，Zipcar 不仅在营销中强调这一点，还会用这种价值理念帮助用户实现他们的目的。Zipcar 非常清楚，对于它的用户来说使用汽车比拥有汽车更加重要。从营销方式到与用户的互动，再到公司的规则，Zipcar 的一切都有力地支持着它的这种理念。因此，Zipcar 公司的用户都把它当作自己生活方式的一部分，而不仅仅是一个服务提供者。自从建立以来，Zipcar 一直都在调整自己的价值主张，从而更好地适应核心用户的需求。除了部分轻型货车和一些高级车型之外，Zipcar 提供的共享汽车都是节能型的，而且大部分都是丰田普锐斯这样的车型。这些车都停放在用户的主要居住区附近非常方便的位置。

Zipcar 的用户被称为“Zipsters”，他们对于 Zipcar 的品牌忠诚度相当高。Zipcar 一直在不断做出努力，力求将 Zipcar 的服务融入用户的日常生活中，从而实现自身的品牌化。在一些地区的商店和餐厅附近，Zipcar 提供折扣。在 Zipcar 的 Facebook 粉丝群体中有一个热门活动，他们会把驾驶路途中拍摄到的照片分享在 Facebook 上。

创造一种互相尊重的社群意识是共享经济的关键。Zipcar 花了大量时间对培养共享社群的各种因素进行调整，比如如何鼓励人们保持车辆清洁，或者如何对超时归还的车辆进行额外收费等问题。Zipcar 鼓励其会员发扬一种相互联系、彼此付出的精神，让世界变得更加美好。

Zipcar 提供的服务与传统的汽车租赁有着天壤之别。对于传统租车，你不会和其他租车人感受到共同的联系，你选择租车只是因为没有其他选择。艾维士公司和租车行业的其他同类公司对于大多数消费者来说都是具有可替代性的。而 Zipcar 公司却通过培养一种基于共享价值的用户社群创造出了不可复制的资产。尽管 Zipcar 公司的业务很复杂（其业务遍布多个城市和乡村，需要用多种不同的渠道与用户连接，目前这还算是一种相对较新的商业模式），但是它却保持着以用户体验为核心的联合策略。无论做什么，Zipcar 主要考虑的都是这些选择会对用户体验带来什么影响。了解用户体验是从实地考察开始的，甚至连 Zipcar 的运营总监都曾经和会员一起“共驾”过。驱动 Zipcar 公司这些行为的原因是他们相信只有观察用户行为，竭尽全力去了解用户在使用产品和服务时的真正感受，才有可能设计出注重用户体验的产品和服务。焦点访谈、调查问卷和定量分析都是有用的，但是深入实际场景观察用户、与终端用户反复沟通是无可替代的。

Zipcar 公司的案例说明，公司通过建立用户社群与用户保持密切联系，可以收获很多。通过这种模式，公司不仅形成了与用户之间的纽带，也加强了用户之间的联系。

从同一扇门进入

- 从前门进入一个零售商业区，你需要先找到一个停车位。你可以登录网站，通过用户点击量发现他们寻找的信息，即使你有捷径或者停车位的密码也不要用。
- “从同一扇门进入”的目的就是让你完全站在用户的视角，用完全一样的方式去体验你为他们提供的服务。
- 你需要选择与用户选择的一模一样的路径：在网站上寻找信息时，寻找某种产品时，或者驾车经过你的店铺时。

建立牢固的用户联系是一个基本的竞争优势，这一理念如今已经被许多商业领袖所认同。用户亲密度是 CEO 优先考虑的因素。根据 2010 年 IBM 全球 CEO 研究，88% 的 CEO 都指出，不断增进与用户之间的关系是公司未来五年的发展策略中最重要的一个部分。这些 CEO 都确信，仅仅与用户保持联系（或者重新联系）是不够的，还需要不断想办法加强这种联系。

成功调动员工和用户的积极性，企业才有可能成功。要成为一个由外而内的组织，就必须要和用户合作互动。我们的任务就是要基于结构性合作与用户建立密切联系，而不是一种远距离关系。我们需要在真正意义上把用户“带进”企业。这就意味着我们要改变很多传统的原则，不再向用户陈述我们的价值理念，而是要和用户“一起”创造价值理念。我们不应该再像过去一样把用户隔离在组织之外，而是应该尽可能地让用户融入组织，让他们自始至终都能参与进来。相比起在用户群体中进行产品测试，我们更应该和用户一起设计产品。共同创造就是新的原则。

由外而内的组织是以反向价值链作为基础的，它起始于用户。但是用户并不是独立于公司之外的存在，而应该是公司不可或缺的一部分。因此，你与用户所建立的联系的深度就是公司竞争优势的来源。由此产生的转变成本是其他竞争者很难超越的，你所建立的这种深刻联系和纽带也是难以替代的。但是公司还是需要明确，以用户为本不能只是一种目的和意图。在接下来的部分中，我们将会详细讲述那些能够与用户建立结构性合作关系的公司都有哪些关键行为。

创建一个能让用户聚合起来的平台

线上社区已经成为一种培养用户参与度的重要手段。这些线上社区通常都是公司用来观察市场的望远镜，它们可以拉近公司和用户的距离。线上社区让沟通更加便利，让公司可以持续不断地深入了解用户。创建线上社区不仅是为了让用户与公司沟通，也是为了让用户之间相互沟通。把用户聚集在一起的平台完全可以替代公司在用户沟通中扮演的角色，为公司打开新的发展道路。下面我们用环球同业银行金融电讯协会（SWIFT）与其创建 Innotribe 的举措，作为案例来说明上述观点。

案例分析

环球同业银行金融电讯协会为国际金融交易制定了标准，提供了联通全球 8 000 多家银行和 1 500 多家大型企业的高度安全可靠的网络。SWIFT 有一种非常强势的企业文化，“失败从不是一个选项（Failure is Not An Option，FNAO）”。这种文化受到了高度重视，因为哪怕仅仅数秒的系统故障都有可能对全球金融交易造成重大影响。这一理念是受到阿波罗 13 号飞行任务的启发才被提出来的，当时美国宇航局表示会“不惜一切代价”让三位宇航员安全返回，然而如今的 FNAO 原则有时却被误解成为一种不愿冒险、不愿改变现状、不敢向前迈进的理念。为了对抗这种理念，SWIFT 在 2009 年开启了 Innotribe 项目。Innotribe 作为一种内部工具主要有两个功能：第一是将企业文化改造得更具有创新性，第二是改变企业姿态，面向外部世界。SWIFT 的发展主要依靠的是它所支持的银行机构社群的良性发展，所以其任务就是推动这一社群中的合作性创新。SWIFT 在这一社群中处于独一无二的中心位置，因此它自然能够成为引领全球银行的创新中心。

Innotribe 项目进行之初，SWIFT 汇聚了许多来自内部和外部的具有智慧和想法的人士，并给他们提供实现自己商业创新理念的机会。这一举措在 SWIFT 内部是从“扩音器”理念开始的——在各个部门选出内部创新代表。在 Innotribe 最初的版本中，这些扮演“扩音器”角色的代表们都是“自愿”的，他们没有得到明确的授权，他们的创新行为也没有得到任何奖励。后来，创新代表的招募需要通过内部竞选，还会得到上级明确的任务委派：代表们需要用 15% 的工作时间从事和创新有关的活动，这是他们任务的一部分，在年初时他们的经理会验收创新工作成果。

在 Innotribe 项目的后续举措中，SWIFT 为个体用户创建了一个平台，他们可以在这里一起讨论金融领域的创新措施。“创业公司挑战”或许是最切实的创新举措之一了：2012 年，超过 600 家创业公司在三大地区（美洲地区，欧洲、中东和非洲地区，以及亚太地区）的竞争中通过了筛选，两家获胜的公司得到了五万美元的现金奖励。这一举措的根本目的是缩小创业公司群体与金融行业的创新领导公司之间的差距。一个成功的例子就可以证明：万事达卡国际组织在 2012 年以 4 000 万美元的价格收购了 2011 年在创业公司挑战赛中获胜的公司。

公司内部有效沟通的新渠道已经建立，并且帮助公司打开了面向世界的大门。SWIFT 的创新领导科斯塔 • 派里克（Kosta Peric）说：“我们的用户喜欢 Innotribe。

我们在 Innotribe 中看到了类似粉丝和追捧者的群体行为，并且会回馈那些为了维护 Innotribe 的群体氛围和紧密联系而选择 SWIFT 的用户。”在用户眼中，这是“他们的” Innotribe。Innotribe 品牌如今已经成为金融服务社群中合作性创新的同义词；Innotribe 对于 SWIFT 的整体品牌产生了极大的积极效应。SWIFT 的总裁拉扎罗 • 坎波（Lazzaro Campo）称 Innotribe 是“SWIFT 在过去 30 年里创造出的最强品牌”。

SWIFT 的例子说明，培养用户社群不仅存在于线上的环境，也不仅针对 B2C（企业对消费者）公司。对于 B2B（企业对企业）公司，用户社群也为其提供了机会，使其可以去创造不一样的与用户对话的方式。公司与用户的沟通不应该只是讨论下一个订单，或者上一次出现的产品质量问题，而应该关注未来的发展方向。沟通的本质并不是“我们可以再多卖给你一些产品”，而应该是“我们明天将会面临什么问题”。用户社群的存在创造了能够拓展话题宽度、探索用户所面临问题的对话。因此，采取措施创建用户社群的公司证明自己已经成为了可以在沟通中提供新的问题解决方案的潜在合作者，同时也证明自己可以开始促进用户之间的交流。在与用户的沟通中，公司让自己处于积极为用户的问题提供解决方案的位置，体现出的是对用户问题的关注，而不是只重视公司的问题。激励和促进行业内部的沟通，证明你是用户问题方面的专家。但是一个成功的用户社群，无论是线上还是线下的，都需要以结构性合作为目的。这并不是一种一次性举措，而是一种长期的创新手段。

赋予用户更加主动的角色

通过运用长焦镜头建立能够促进公司和用户进行结构性合作的深层联系，我们可以与现有的用户群体和市场相连接。为了实现这一点，我们需要重新看待用户，他们不仅是公司产品和服务的购买者，还应该被赋予更加主动的角色。通过增加用户角色，我们可以实现与用户更加深层的联系。可口可乐公司的前任营销总裁赛吉尔奥·齐曼（Sergio Zyman）的这句话很有名："营销的唯一目的就是赚到更多的钱，向更多的人卖出更多的产品。"讽刺的是，这句话只关注了向更多的人卖出更多的产品这一个目的，因为它只赋予了用户购买者的角色。如今我们意识到，我们需要把重点从劝诱用户购买更多产品的推销手段上转移，开始学习怎样才能与用户共同创造价值。

如果只是目光短浅地把用户当作购买者，这既是欺骗用户，也是欺骗自己。通常来讲，用户都是市场营销策略的被动接受者，唯一能够表达意见的就是他们的钱包，他们会通过消费行为（或者不消费）来发声。但是，如果公司想与用户建立密切联系，就不能只关注用户的消费行为，而是要让用户参与其中。用户可以通过多种角色为公司创造价值：宣传者、指导者、顾问、筛选者、设计者和员工。要发掘用户扮演这些角色的价值，我们就需要给他们提供一个可以施展才能的平台。只有当我们愿意接受用户扮演不同角色，而不是把他们视作威胁的时候，才能和用户合作创造价值。拓展用户的角色可以为公司扩大用户群体提供更坚实的基础。

把用户当作宣传者

口头宣传是最有效的营销渠道，这是长久以来的一个根本真理。但是很少有公司真正明白如何才能发掘用户之间的主动沟通所蕴藏的潜力。因此，我们需要让用户扮演宣传者的角色。用户成为宣传者的最低标准是他们必须要对公司满意；对于得到口口相传的积极效应来说，超出用户的期待是很有必要的。当你成功实现了这一点，用户的口头宣传将会成为公司强大的发展动力。我们在第二章的案例中提到过法国之家，它在12年来的发展中完全靠的是口口相传，没有在市场营销上投入一分钱。它的成功都是因为对用户需求的关注。

除了为用户提供积极的体验，让他们感到满意，从而自发地宣传公司口碑之外，还有什么方法可以让用户成为公司的宣传者呢？那些在自己所属行业内领先的公司不会顺其自然，而是会主动设计一些用户宣传方案。

案例分析

我们以 Salesforce.com 网站为例，将用户当作宣传者是它一直以来的核心策略。它是由甲骨文公司的前任高管马克・贝尼奥夫（Marc Benioff）在 1999 年创立的，当时主要是为中小型公司提供用户关系管理应用程序。从那之后公司逐渐发展，并通过多种针对销售、营销和社交的云应用实现了 30 亿美元的收入。

Salesforce.com 在市场策略方面很注重公司的“明星用户”，会利用这些用户的体验经历和评价感言去发掘潜在用户，并在购买过程中引导他们。它鼓励现有用户向其他人讲述自己的体验，去说服那些有意向的潜在用户。一年一度的 Dreamforce 活动是其宣传者的展示会，超过四万名潜在用户、支持者和行业观察者在此聚集。

Salesforce.com 关注的是自己的用户，这一点和其他更关注技术专业人员和高层决策者的用户关系管理软件供应商不一样。这家公司公开称其用户是公司的“英雄”，他们使用 Salesforce.com 提供的平台，为 Salesforce.com 创造了丰硕的经营成果。Salesforce.com 最高身份的用户是 80 多名可以得到特别邀请、已成为 MVP（最佳宣传者）社区会员的用户。MVP 用户都是被挑选出来的，因为他们都是群体中的元老级用户，都是优秀的品牌宣传者，并且愿意参与 Salesforce.com 内部关于新部门问题的讨论。

根据 Salesforce.com 的做法，我们了解到一个杰出的品牌宣传候选人应该包括以下这些重要特点。

- 可访问性——每个月通过访问公司网站或者通过社交媒体的渠道（博客、领英等）参与线上社区活动的时间累计至少达到九天。
- 专业性——对于产品以及用户社区的需求有深刻的理解。
- 回应的积极性——能够定期对别人的问题做出回应，并且为社区贡献自己的知识。
- 领导力——能够代表社区的精神力量，可以收集用户的意见反馈给 Salesforce.com。
- 宣传力——能够成为产品的品牌宣传者，必要的时候能够维护公司的利益。

MVP 用户会得到一些特别的奖励，但是同样也担负着与其角色相称的明确责任。如果你需要案例，请阅读 Salesforce 的 MVP 用户杰尔拉丁·格雷（Geraldine Gray）发表的博客文章“如何成为一个成功的 MVP 用户”（How to be a successful MVP）。他们是 Salesforce.com 最强大的品牌代言人。MVP 用户所获得的回报是非货币形式的利益，但是他们对于自己在公司内部和外部享有的这种身份非常看重。在各项活动和公司内部的交流中，Salesforce.com 会把重点放在 MVP 用户身上。作为成为 MVP 用户的回报，他们会受邀在 Dreamforce 活动上演讲，并且拥有不可多得的机会去深度了解 Salesforce.com 的产品和营销团队，还会被邀请与公司高层领导一起交流。MVP 用户出席 Dreamforce 活动时坐在最前排，可以清楚地观看舞台上红辣椒乐队（The Red Hot Chili Peppers）的表演。MVP 用户通常都会在他们的个人简历中写到他们在 Salesforce.com 的 MVP 身份，也会在社交媒体上强调这一点。

把用户当作指导者

一位 Salesforce.com 的 MVP 用户在他的博客里这样写道：“我从其他 MVP 用户身上了解了一件事情，那就是他们和我一样非常喜欢讨论 Salesforce。”这意味着 MVP 用户可以用自己的专业知识与洞见互相帮助。对于 Salesforce.com 的 MVP 用户，写博客给他人提供建议和使用技巧，或者只是分享有关 Salesforce.com 的信息，都是职责的一部分。积极的 MVP 用户还会在领英和 Dreamforce 的应用程序上回答问题，在推特和论坛问答板块里用“#askforce”的标签发言。他们会组织用户小组，宣传有关 Salesforce.com 的信息。此外，他们还会一起分享关于如何实现 Salesforce.com 产品功能的最大化利用、如何成为一个资深用户的建议和诀窍。换言之，MVP 用户所做的这些事情就像是 Salesforce.com 的客服部门的专有职责。

如今，越来越多的公司逐渐意识到，用户可以成为其他用户的出色指导者。他们开始把品牌和用户中的专家或者资深用户结合在一起，提供或者扩展公司的用户服务模式。用户彼此之间可以给出点对点的支持，帮助其他人解决问题，或者提供选择正确产品的建议。把用户当作指导者要基于用户有能力、有准备提供指导这一基本原则。用户通过自己的体验通常可以得到有关的信息，然后就可以分享给其他遇到相似问题的人。

热心的用户通常都会自发地扮演为他人提供建议的角色，并且很看重与他人分享自己的知识的机会。亚马逊公司很早就意识到了这一点，它会让购买图书的读者在网站上留下书评。你读到的书评或许不够成熟，比较主观，带有偏向性，不如那些书籍中的优美文章，但是这些书评对其他读者来说是具有借鉴意义的，能够增加亚马逊网站的价值。

把用户当作顾问

越来越多的公司开始组建用户顾问委员会。其形式通常是由一群用户组成小团体，在线上和线下进行集会讨论，为公司未来的发展战略提供建议。用户顾问委员会可以聚集那些愿意为公司宣传和提出建议的用户。和线上留言板不一样，组建用户顾问委员会的目的并不是要得到用户对于新产品的即时反馈，更多的是要就公司面临的问题进行开放讨论，以及从宏观上对行业和市场进行分析。

用户顾问委员会的成员一般包含 10 ~ 30 个高级管理人员。很显然，他们代表了一部分最重要的用户。当然，我们也需要多种不同的观点。讨论的话题更倾向于战略层面，而不是策略层面。用户顾问委员会通常会讨论更广泛的宏观议题，而不是日常工作中问题的解决方案。你可以通过用户顾问委员会了解用户所在工作领域的情况，了解他们最关心的问题是什么。这就意味着你不应该只讨论本行业的问题，还应该更多地关注用户所在行业的问题！用户顾问委员会的成员都是自愿加入的，某种程度上来说，这对于他们自身的需求以及对于更广阔的用户群体都是有利的。他们都希望有机会对公司的发展方向提出建议，并且当然也希望公司将来可以按照他们提出的关键建议来发展。从这一层面来看，用户顾问委员会更像是公司的秘密战略委员会。

把用户当作筛选者

在前面的章节中，我们讲述了许多从用户当中收集新产品创意的公司，比如阿迪达斯和欧洲期货交易所。星巴克也是一个典型例子。

案例分析

星巴克是创建用户社群的先锋之一，它成立了线上社区来促进与用户的沟通，收集用户对于星巴克产品和服务的改进建议。在星巴克的 MyStarbucks 网站里，每个人都会被邀请写下自己的建议，互相讨论，并投票选出他们最喜欢的点子，和星巴克一起合作开辟未来的发展之路。在运营 MyStarbucks 的五年里，星巴克已经把来自用户的 275 个想法变成了现实，用户提交了超过 15 万条建议，进行了 200 万人次的投票。

现在，用户可以在星巴克点购用脱脂牛奶调配的饮品和棒棒糖蛋糕，用星巴克卡还可以获取积分并且享受免费的无线网络。这些都要归功于星巴克的粉丝们提出的建议。

星巴克公司得到了什么回报呢？一个可以持续了解用户想法的渠道；一个可以获得最有价值的想法的社区平台；一个能够评估用户对于新想法的兴趣的指示器；但是最重要的，还是一个对星巴克有归属感的用户社区。

星巴克的用户提出了很多建议。哪些建议是可行且有价值的呢？这需要筛选和甄别。很少有公司能够拿出足够的勇气把筛选用户建议的工作完全交给用户社群，而乐高公司却在它的创意平台中做到了这一点，这个平台是 Lego Cuusoo 社区。

这个创意社区的用户帕尔 · 史密斯 - 迈耶（Paal Smith-Meyer）2010 年 11 月发表评论说："我们在这个社区中实施'静观其变'的策略，不去选择我们想要采纳的观点，而是看用户提出的哪些建议在社区中最有人气。这主要是因为我们想要的不是有关新产品的想法，而是对于我们的产品有卓越的新想法的商业合作伙伴。你应该看看这种策略下产生的是什么样的情况——社区会员们都在极力推广自己的创意，试图找些新人加入社区，这太神奇了……今年我们将会推出首款根据 Lego Cuusoo 社区会员的创意制造的产品。"

同样的，亚马逊公司也把电视节目制作的甄选权力交给了用户。其 2013 年第一季度的报告是这样说的："亚马逊工作室正在开放电视节目新的准入渠道。试播节目将会面向所有观众播出，人人都可以对其进行评价。"

亚马逊的创始人和总裁杰夫 · 贝索斯说："我个人和亚马逊工作室的团队成员都对电视节目的制作有选择权，但是在这项举措中让人兴奋的地方在于我们的意见不管用了。我们的用户将会决定哪些节目可以进入全季度的制作。我们希望亚马逊原创节目可以成为另一种为高级会员创造价值的方式。"

因此这一点非常明确：让用户提出建议是促进公司和用户之间结构性合作的绝佳方式。

把用户当作设计者

当你在星巴克点一杯咖啡时，面临的选择几乎无穷无尽：是中杯还是大杯？需要奶泡吗？是香草口味、南瓜口味还是原味？最终你点的那杯咖啡就是你个人选择的混合结果。产品和服务流程不应该再像过去一样按照统一标准来设计，而应该适应用户不同的需求。这是因为用户真的想要一个独一无二的产品，或者因为单一产品无法满足每一个用户？公司能够精准预测用户想要的是什么吗？从某种程度上来说，答案是肯定的。但是还有一个重要原因，即用户对设计过程的参与可以提高他们对产品的喜爱度。用户在选择咖啡的各种搭配时，其实是在扮演产品设计者的角色。当我们赋予用户设计者的角色，我们得到的就不只是用户的想法。实际上，这是在让每个用户为了自己设计产品。

案例分析

在迪士尼公司，你可以通过触摸屏设计自己专属的过山车。迪士尼明日世界主题乐园的惊险无限项目就是一个基于你的创造力和动脑能力的惊险过山车模拟器。你可以创造自己喜欢的过山车，然后在这个机器模拟器上体验自己设计的产物。

惊险无限项目的工作原理很简单。来到展示区的游客可以用触摸屏设计一款过山车、大雪橇或者喷气飞机，还可以加入各种性能，比如爬坡、下潜式旋转和螺旋前进。设计好之后，所有信息都会被保存在专属磁卡上。在“启动站”使用这张磁卡，你的创意产物就会立刻传载到模拟器上。接下来，你就可以进入模拟的驾乘室，在头部和上半身戴好 3D 视频设备。现在，你就可以开始享受乐趣了——所有的扭动和旋转都会以你的视角真实呈现出来。

惊险无限项目不仅是用户参与产品设计的绝佳案例，也是值得借鉴学习的公司和用户双方合作的典范。迪士尼与雷神公司合作设计出了惊险无限项目。雷神公司是美国的大型国防合约商，它资助惊险无限项目，将其作为公司慈善项目的一部分，用于激发年轻人对于数学、科学、技术和工程的兴趣。

把用户当作员工

案例分析

我们以 Threadless 公司为例，这家售卖 T 恤的公司实现了超过 3 000 万美元的年收入。

Threadless 公司售卖的是走在时尚前沿、广受年轻消费者喜爱的 T 恤，其产品并非出自 Threadless 的设计师之手。实际上，这家公司把时尚设计业务交给了用户，每个人都可以向公司提交自己的设计方案，其用户社区里的 50 多万名会员会一起挑选出他们喜欢的设计。

Threadless 公司每个月会推出许多新款产品，而且不做广告宣传，没有专业设计师，没有推销人员，也没有零售分销商。位于美国芝加哥近西锡德的 Threadless 总部每天都会接到一万多个订单，公司有 65 名全职员工和另外 30 名兼职员工，他们在阁楼的乒乓球台上和一辆铝制拖车里工作。

Threadless 是如何运作的呢？它会通过线上的社交网络举行设计比赛。社区会员可以提交他们的 T 恤设计创意，然后投票选出他们最喜欢的设计。人们把 Threadless 的网站当作一种社交平台，他们在这里发表日志，互相讨论设计创意，和其他热心的消费者进行交流，当然还会买 Threadless 的 T 恤。根据研究显示，只有 5% 的消费者没有对设计作品进行过投票。Threadless 公司的收入每年以两位数的速度增长，尽管它从来不做广告宣传，不雇用专业设计师，没有和模特公司或者时尚摄影师合作，也没有正式的销售人员，只有一家零售店。Threadless 的用户不仅仅是在消费，他们也在主动参与公司的核心流程。

Threadless 的例子表明，公司赋予用户主动角色，让用户去完成通常本该由员工完成的工作，让用户融入到公司内部，能够为公司带来非常大的价值。公司和用户之间的界线正在变化，用户正在逐渐成为公司的一部分。你并非一定要做到 Threadless 公司的程度。让用户成为产品设计和消费体验的一部分，赋予他们掌控权，就已经能够提升他们的满意度了。

案例分析

思考一下这样的情形。你到了一个机场，即将开始一次计划已久的跨洲的长途飞行，但却发现出于目的地天气状况的原因，这次航班被取消了。航空公司柜台的代理商为给你造成的不便道了歉，但是他安抚你说可以帮你再订另一个航班的机票。代理商让你在休息室里等他去给你订票。十分钟后，代理商给你打电话说，他可以订到一张三小时后起飞的机票。你听到这个消息之后如释重负，虽然这比你预期的时间晚了些，但你最终还是可以到达自己的目的地，于是你欣然接受。至此，双方皆大欢喜。即便遇到突发状况，航空公司的服务补救措施似乎也进行得很顺利：必要的流程按部就班地进行，负责任的代理商能够娴熟处理意外状况。但其实这个事件可以得到更好的处理结果。代理商可以不叫你去休息室等待，他完全可以让你和他站在一起看着计算机屏幕，一起讨论可替代的选择。你可以直接和代理商沟通，问他问题，告诉他你更倾向于做什么选择。

这两种情况得到的结果可能都差不多，但是哪一种情形会让你更加满意，会让你愿意再次选择这家航空公司？

很显然，在第二种情形里你扮演了主动的角色，而不只是一个被动的用户。这会让你对航空公司的积极态度留下印象，会让你更愿意再次选择这家航空公司。

通过这个案例我们可以学到：我们不一定必须要为用户解决问题，而应该和用户“一起”解决问题。如果可以高效、简单并迅速地解决问题，用户更愿意自己来。研究表明，全球40%的消费者都更倾向于自助式服务，而非和人直接接触。我们过去总认为自助式服务的技术对于公司来说是一种高效工具，其实对于用户来说也一样。如果能够扮演主动的角色，用户会感觉自己能够决定如何满足自己的需求。他们会觉得更有掌控感，这会让用户产生更好的体验，对于结果也会更加满意。

我们可以得出一个关键性结论，让用户主动参与、赋予用户掌控权是至关重要的。把用户当作员工，意味着我们应该让用户参与本应该由公司员工负责的各种流程和活动。和用户一起共享责任和所有权，可以让用户更好地满足自身需求，主动与公司互动，最终他们会感觉自己成为了公司的一分子而不是一个局外人。这样一来，用户与公司的关系自然而然就会加强。

在这个部分中，我们已经详细阐述了为什么用户扮演的这些主动角色比购买者这一角色更加重要。用户可以成为公司的宣传者、顾问、指导者、筛选者、设计者和员工。我们想要传达的信息很明确：让用户成为你的团队的一部分。让用户参与其中，而不只是问用户想要什么，你应该要让他们成为你的价值链中不可或缺的一部分。以开放的姿态面对用户，你可以与最重要的用户建立结构性合作关系。在这种关系下，公司与用户的利益纽带会更强，这对于双方来说是共赢的。用户会与你一起合作，而不只是购买你的产品。与你合作的用户会创造出以下更大的价值：

- 他们更有可能购买产品，并且购买频率更高，愿意花的钱也更多；
- 他们会向你推荐其他潜在用户；
- 当其他用户对公司做出负面评价时，他们会为公司辩护；
- 他们愿意站在公司的立场发声，并且他们的言论有更高的可信度；
- 他们所说的话比公司自己发表的声明更具有信誉；
- 他们能够让你脚踏实地，与你建立相互信任的关系，为你打开更多的沟通渠道。

我们想要告诉读者的是：用户创新的驱动力不是“只要为用户创造一切，他们就会买单”，而是“与用户一起创造，他们始终与你同在”。

想要“由外而内”，先“自内而外”

虽然我们的重心是提高用户参与度，但是如果不先提高员工的参与度就想要和用户建立成功的战略合作关系，这是不可能的。

与用户建立良好关系并不是只依靠技术部门或者市场部门就能解决的问题，而是需要整个公司共同努力的一个过程。如果存在一个能够让公司实现与用户长期合作的效应链条，那么这个链条是从公司内部开始的。

要拥有满意的用户，应该先拥有满意的员工。为用户投资，就要先从为员工投资开始。我们依靠员工的力量实现共同目标，不仅可以让员工成为用户利益的代言人，还可以为公司带来满意的用户。毕竟，如果你自己的人都不支持你，又怎么能期待其他人支持你呢？

案例分析

我曾经和一家住宅服务行业的大型跨国公司的管理团队一起进行过一次研讨会。这次研讨会的目的是针对该公司现有的一项想要提高收入的服务项目制定用户获取策略。这家公司的管理团队非常固执而乐观地认为一定还存在巨大的市场潜力，因此用了很多优惠措施吸引用户。他们眼中的目标用户群体和他们自己非常相似：中产阶级、双薪家庭、经常出游、有子女……他们还给我列出了很多他们认为目标用户需要并且想要获得其服务的原因。但是当我问这些管理人员在座的人中有谁在使用这项服务时，突然就陷入了尴尬的沉默——没有一个人选择这项服务。

公司品牌的打造不仅是市场营销部门的责任，也是每一个员工的责任。现在，员工通过社交媒体等各种方式传播雇主口碑或者诋毁雇主形象，都比以前更加容易。他们会影响自己的人际关系网络，因此员工是公司树立正面口碑的基础。当你想要做口碑营销时，重心不仅应该在用户身上，而且应该在员工身上。意识到这一点后，许多公司在实施用户满意度计划时也会辅以员工满意度计划。

我们需要弄清员工在公司实施用户中心策略时所扮演的重要角色。实施这一策略时，我们首先应该了解公司内部每个直接与用户接触的员工的重要性。在向用户传递价值主张的过程中，他们都发挥了重要作用。从最高层的管理者到最基层的员工，哪怕是在许多公司里最基层的客服中心的接线员，他们的重要性都是不可替代的。约瑟夫·杰斐（Joseph Jaffe）说过："你真的要放弃你与用户沟通的最后一段距离吗？这段由公司里工资最低、没有晋升空间、没有股权、流动率最大的员工负责的会出现最多问题的距离？"

那些在用户参与度上投入了很多却没有关注员工参与度的公司，无法发掘那些潜在的、价值被低估了的资源。这些公司还有可能会妨碍以用户为本的各项举措。如果我们没能把对用户适用的那一套原则用在公司内部，那么我们的行为就会失去可靠性和说服力。比如，如果产品研发部门的工作人员是新产品理念的唯一持有者，我们怎么能期待他们接受来自用户或者其他股东的观点呢？如果我们未能实现内部合作，那么实现外部合作就只能是空想了。要对外打开大门，首先需要对内打开大门。这种观点来自亨利·切萨布鲁夫（Henry Chesbrough）于 2013 年 3 月在日内瓦湖 SMS 会议上发表的主旨演讲。

那些通过各种外部平台与用户沟通，在内部却采用封闭筒仓式运营的公司颇受诟病。外部的“陌生人”被邀请提出想法，但公司内部的员工却不被允许发表意见，管理层这样的行为会给员工传递什么样的信号？通常来说，调动员工的参与积极性比“常规方式”更加耗费时间，也需要调动更多资源，所以经理们更愿意待在自己的舒适区，控制他们负责的程序，按照他们习惯的方式为用户提供产品和服务，遵循“按时”和“在预算内”的原则。

内部众筹

IBM 公司已经在实行“企业众筹”了，它会给员工小额预算，鼓励他们为彼此提出的项目计划进行投资。网络上有一个受到企业众筹的启发而建立的平台，这里的成员可以为其他人的提案提供 100 美元的资助金。

这种举措的理念是利用群体的智慧和资源，并将其运用在公司内部。因此，通过在公司内部宣传自己的项目计划，所有员工对这些有可能实现的项目都有选择权。这就是基层的力量。

IBM 公司有一个传统理念：“没有一个人的智慧能超过所有人的智慧。”内部众筹就是对这一理念的现实化。

很多时候，公司的内部阻力会对与用户的结构性合作产生阻碍；公司内部的专家通常都认为公司外部人士往往不如他们那样专业，不能产生优质的想法。在一些人眼中，外部合作对其工作是一种威胁。尤其是对技术领导者中的拔尖者来说，他们认为自己的技术权威性会受到外部社群的挑战。

在探索公司外部的资源之前，通常最好是先从公司内部社群开始。就像前面的案例中讲述的，线上社区已经逐渐成为大多数公司与用户建立联系、供用户表达意见的常用工具。内部和外部社群的区别就在于向公司外部延伸的程度。公司通常会以收集员工想法为目的建立内部社群，但是更重要的目的是培养组织内的创新文化，让每个员工都成为这种文化的一部分。同时拥有内部社群和外部社群是比较理想的状态，但是两者要分开独立运营，因为它们的目的是不同的。外部社群的成员可以为公司注入新鲜血液，公司员工（包括领域内的专家）可能会受到外部意见的启发，从而产生更多创新想法，并且找到适当的技术和方法把这些新想法变成现实。

然而，成功的合作不是只靠设立线上平台就能实现的。企业内部的创新合作也是一样。如果员工并不习惯经常提出新想法，而且公司以前也并没有要求他们这样做，那么线上社区就无法在短期内迅速产生大量新创意。人们可能会犹豫不定，不知道是否应该说出那些尚未和直属领导讨论过的想法，或者是那些被直属领导否决过的想法。创新社区应该基于一种平等的原则，每个人的贡献应该都是同样有意义的，但是要让一些员工接受这一理念还需要时间。线上创新社区是一种绝佳的工具，它可以让人们看到提出想法是值得鼓励的事情。在这个可视平台上，所有的想法都可以被提出、被讨论、被推进。

在内部社区中，人们提出的想法通常都会和公司的创新策略和方式有联系，这些想法受到的阻力也会更小，而从外部创新活动引进新的方法流程则会出现一些困难。当公司内部员工开始参与到外部创新的流程中时，来自内部的阻力似乎就会变小，因此，对于公司来说，先引进内部创新社区，然后再向公司外界延伸，这是一个更合适的策略。内部和外部的创新社区应该在两个独立的环境中运作，但是来自这两者的想法可以被放在一起进行评估，其中一个社区产生的最佳创意也可以被引入另一个社区中，这时我们可以看看会得到怎样的反馈。这样一来，员工慢慢地就不会再把外部创新视作威胁，而是将其视作自己所参与的创新活动的额外资源，因此内部阻力就会显著降低。

从内部建立公司文化

成为一个以用户为本的公司更像是一种行为，而非一种文化理念。这不是一种营销手段，而是整个公司都需要为之努力的事业，这一点是再清楚不过的。我们可以构建各种能力、数据、分析方法和流程，但是基于一项由 SAS 公司 2012 年进行的调查，建立以用户为本的文化氛围才能让公司走得更远。

分享关于用户的故事

通常公司内部的非正式沟通都是关于用户的一些负面话题："你敢相信吗？X 居然要这样的花招！""你听说 Y 强加给我们的无理要求了吗？""Z 刚刚向我们投诉了。"

分享关于用户的故事就是为了抵消上述的负面话题，使其变成正面的叙述。实际上，这是在公司内部进行关于用户的内容营销。与用户的成功交易、来自用户的好评、为用户解决的问题——都是应该拿出来分享的话题。那么应该怎样做呢？公司应该创造出可以被用在各种沟通平台上的、正式的案例模板。

线上鞋类零售和用户服务之王Zappos公司关注的核心焦点就是公司文化，以及公司和员工之间的关系。新员工都会接受四周的培训。在培训期间，他们会学习公司的发展历史、客服哲学和核心文化。Zappos公司的CEO谢家华说过，公司的头等重心实际上是公司文化，而不是大多数人认为的用户服务。无论你是会计还是律师，你都需要和客服中心的工作人员一样走完相同的培训流程。这种举措背后的意义在于：“如果我们希望我们的品牌能够和用户服务联系在一起，那么用户服务就应该是整个公司的事，而不只是一个部门的事。”

案例分析

法国之家有过这样的相似经历。这家提供研讨会场地的公司蒸蒸日上，它关注的核心就是用户服务和用户满意度。但是这些都要以独有的公司文化为中心才能得以实现。法国之家的文化包括七个价值理念，第一个价值理念就是“对用户的热爱”。这七个价值理念被写进了印着“欢迎回家”的小册子里（这个小册子被法国之家称为“圣经”），它们共同组成了法国之家的公司文化——公司所有的活动和行为都是为了使用户满意度最大化。这本小册子的内容涵盖了用户可能存在的期望及其行为背后的原因，以及如何满足用户期望的建议。新员工必须阅读这本手册，这样才会更加深入了解公司文化，也会和其他成员共享法国之家的价值理念。这本手册让员工们有了共同语言，增强了他们的凝聚力，并为其指引了方向。

法国之家的CEO霍洛维兹说：“对我来说，通过价值理念管理公司的意义有这么几点。首先，它可以让员工形成共同的价值基础。其次，这些价值理念必须要被共享或者得到支持，也就是说需要得到人们的认同。为了获得认同，我们必须通过管理措施来体现这些价值观，通过惯例和象征来强化它们，通过奖励制度来实现它们。因此，我们公司所做出的每个行为、所制定的每个管理措施都是为了强化这些价值理念。”

根据克里斯滕森（C. Christensen）于2013年3月在日内瓦湖SMS会议上的演讲，以用户为中心的组织都是通过文化来实现管理的，因此在组织内部有一种对共同目标以及实现目标手段的强烈认同感（参见图3-1）。任何改革措施都应该始于对组织内部意见统一程度的评估，一般主要从两个方面来评估。第一个方面是人们对于“他们想要什么”是否统一：参与公司的活动最终是为了获得什么结果，以及人们的价值观和优先考虑的事项是什么？换句话说，我们需要确定：我们为之努力的共同目标是什么？第二个方面就是人们对于“因果”的意见是否统一：什么行为才能带来满意的结果？当人们对于因果有了统一的认识，就会对采取何种行为达成一致。

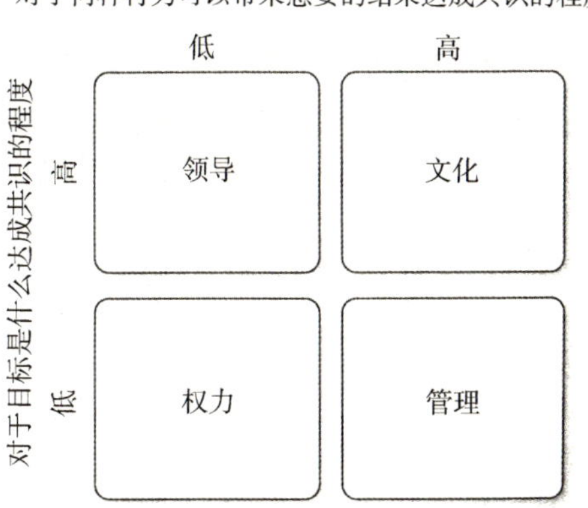

图3-1　以用户为中心的组织管理框架

如果一个组织对于目标和行动都没有达成共识，就只能靠单纯的权力来领导。强有力的控制制度、清晰的角色分工、决策者的权威和高压领导就是这类组织的特征。不过即便组织对于要去往何方缺乏共识，也可能对于需要采取的正确行为形成统一意见。在这种情况下，组织将会被激励措施、测量体系、标准运营程序和培训等管理手段来领导。

有些组织对于目标有全面理解，但是对于实现目标的行为缺乏共识。这类组织要实现改革，就必须要有一位具备远见卓识的领导者。这类组织中的领导者通常都是颇具个人魅力、容易使人信服的沟通者。他们一般不会说要如何做到某件事，而是只会指出方向。

最后，还有一些组织可以通过文化对内部意见实现有效管理。因为对于“是什么”和“怎样做”有着强烈共识和统一认知，所以这类组织不需要权力工具或者高压管理，同时也几乎不需要标准化程序。它们需要的工具就是组织文化、习俗和惯例。法国之家就属于这类组织，它的以用户为中心的企业文化已经根深蒂固。

警惕 BOHICA 综合征

很多公司都会实行一些用户中心策略，如果不能立刻见效，它们就会非常失望。通常这都会让员工产生“BOHICA 综合征”。

BOHICA 是英文 Bend-Over-Here-It-Comes-Again（领导又变卦了，我们快点头哈腰）的缩写。BOHICA 综合征是指员工厌倦了一直为新的短期目标而努力工作，他们不喜欢公司高层管理者变化无常的决策。用户中心策略对于他们来说只不过是公司在追逐新一波狂热之时拍脑袋做出的决策。因此，员工在这个过程中只会敷衍对待工作，等待这股热潮平息下去。

建立以用户为中心的文化需要时间、精力和专注。这并不是一个短期项目，而是一个会涉及各个层面和决定的长远发展策略。

会议室里的空椅子

在如今的零售银行业中，如何才能够获得竞争优势？30年前，一家银行只需要在本地开设一个服务点，营业时间是早上九点到下午五点。银行里有训练有素的柜台工作人员和电话接线员，这样的人员配备已经能够满足所有类型的用户需求了。但在今天，仅凭这些是远远不够的。用户希望银行既能提供线下服务也能提供线上服务，因此手机银行变得十分普及，银行的营业时间也超过了传统的办公时间。用户会通过Facebook、微博、微信等网络平台提出问题、发表评价，这些已经成为常态。

工业行业也是一样的情况。用户希望得到技术顾问一对一的服务和实地支持。订单一定要准时送达，并且要送到用户方便接收的地点。这些都是额外的付费项目，可以得到额外的质量保证和延伸服务。

在如今这个充满竞争和挑战的全球经济环境中，公司需要比从前更加努力地想办法吸引和维持用户。用户对于产品质量、服务和公司的方便接触性的期望只会有增无减。因此，如今在客服、沟通和体验方面的投资在总成本中所占的百分比比以前高出了很多。管理者觉得他们需要比竞争者发出更大的声音才有机会被用户听见。在这个充满挑战的环境中，将用于长期的用户中心策略的预算转化为短期的最优化状态是一种膝跳反应，带来的结果更容易量化，效果显现更快，但是这一做法会逐渐产生负面影响，不利于建立长期稳固的用户关系。对用户中心策略进行投资时，领导者所做出的决策从短期来看通常都不具备经济最优性，甚至还有一定风险性，可能产生的长期利益也是难以得到证明的。看看Zappos公司的退货制度，还有法国之家在服务补救上投入的无限制的预算，你就能知道是怎么回事。这些大胆的措施究竟是愚蠢的行为，还是有利于建立长期用户关系的明智投资？因此，这类投资行为是需要受到保护的，而这正是最高管理层和董事会的责任。

深入贯彻用户中心策略的公司实施的相关措施都是在最高层中被讨论的议题，而很多公司却恰恰相反。与用户参与度相关的项目通常都是由一些资深员工来执行，而高层管理者并没有赋予这些员工与“他们的”用户直接接触的权限。社交媒体更多的被看成一种外包的策略性工具，而不是与用户进行直接对话的战略性机会。营销部门通常应该是与用户联系最密切的部门，但是在公司的执行委员会中却没有话语权。事实上，执行委员会的会议中只有 10% 的时间会被用于讨论与营销有关的议题。尽管超过 85% 的全球 500 强公司的企业宗旨中都表现出了对服务用户、满足用户需求的重视，但是在它们的会议中用户的问题却很少被提起。全球 150 强公司的董事会中，只有 18% 的成员拥有营销工作背景。一些没有市场营销工作经验的成员的确对用户意见和用户需求不感兴趣，在董事会上表现出的也是这种观念。大部分管理者都是如此。无论是有意还是无意，对于用户的那一点浅显的了解就足以让他们满足了，所以在董事会上他们只会把其他看似更紧迫的话题提上议程。

我们需要在会议室里为一把空椅子留出空间。这把空椅子是为了用户而留的，象征着用户在董事会始终都应该有一席之地。无论用户是否真的在场，他们的声音都应该被倾听。

言出必行，实现承诺

最终，对用户做出口头承诺是不够的，我们需要言出必行。少说多做是大多数公司都应该做到的一点。尽可能地举办用户体验历程研讨活动，这可以帮助你的公司更好地实行用户中心策略。

用户体验历程研究需要先确定相关责任人，并将这项研究作为责任人的工作重点。通常 CEO 会担任这一角色。以亚马逊的总裁杰夫·贝索斯为例，他就是亚马逊用户中心策略背后的首要支持者和推动者。其他进行用户体验历程研究的公司会把这项任务委派给客服总监，由其负责设计和执行公司的用户关系战略，并监督所有面向用户的产品性能。一个成功的客服总监会推行一种以用户为中心的文化，消除用户信息在组织内部的流通障碍。实际上，客服总监需要拥有强有力的职权，可以直接向总裁汇报工作，有权实行各种改革而不只是提出建议。因此，对公司非常了解并且能够在各部门之间进行有效沟通的人会比较适合担任客服总监。让一个在公司内部具有很大影响的人担任客服总监能够让这项工作更加受到尊重，更有影响力。

要成功任用一个合适的客服总监，我们需要确保不是只对这一人授权。客服总监的出现意味着公司的其他部门可能会花更少的时间思考关于用户的问题，因为他们觉得已经有人在负责这一工作了。现在，公司应该让每一个人明确用户中心策略是每一个人的工作职责。客服总监可以对各种想法进行审查，协调各项活动，共享最佳方法，但是要成功履行职责就必须得到整个公司的支持。

言出必行意味着公司需要把与用户有关的指标放进关键业绩指标考核中：让用户中心策略成为考察公司业绩的重要标准之一。法国之家就有一项业绩指标：用户满意度。如果你关注用户满意度，经营成果自然就会上升。

法国之家的 CEO 杰奎兹·霍洛维兹说："我经常听很多公司说，用户中心制度很重要。实施用户中心制度应该成为管理层奖金发放的衡量因素之一。于是我问他们：实施用户中心制度的奖金有多少？他们说，大概占 5% ~ 10%。5%！这就意味着剩余部分的奖金都是其他方面的！如果你真的想要实行用户中心制度，那就让奖金比例变成100%。管理层如果面临各种优先事项，那么他们根本就无暇进行用户创新。这应该完全转变过来。”

反馈回路的收益

总的来说，由外而内的组织所投资的持续性用户意见反馈回路会在三个不同层面带来收益。从短期来看，即时的反馈回路可以增强公司与用户的互动，以及用户之间的沟通。公司对个体用户的问题和评论的及时回应可以体现出公司对用户更加主动的态度。从中期来看，揭示用户群体的行为模式和系统问题可以帮助公司改善现状，进行创新。从更长远的角度来看，公司与用户的持续性沟通有助于创造以用户为中心的文化。这就意味着实施用户中心策略的公司会从三重反馈回路获得收益（参见图 3–2）。

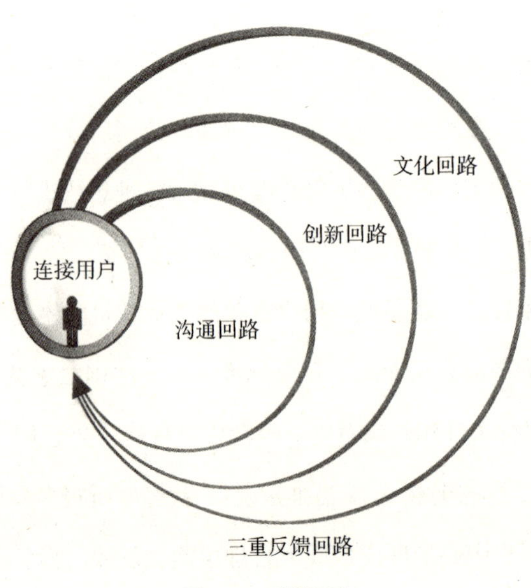

图 3-2　反馈回路

小结

- 将用户看成重要的合作伙伴，通过赋予用户主动的角色与用户建立结构性合作关系。
- 不要尝试“为了”用户解决问题，应该与用户“一起”解决问题。
- 要认识到用户对于公司的价值不仅存在于购买者的角色中。用户还可以通过宣传者、指导者、顾问、创意筛选者、设计者和员工等多重角色帮助公司。公司应该用相应的方式充分利用用户的这些角色，让用户的价值得到最大发挥。
- 把用户当作所有工作中的最优先项。
- 要成为由外而内的组织，就应该先自内向外，让员工参与用户中心策略的实施。
- 实施用户中心策略需要先从组织内部人员开始，以用户为中心的文化是根本驱动力。
- 通过可衡量的目标来实现用户中心策略。
- 要有长远眼光。用户中心策略是根本性的变革，而不是短期项目。

开始行动

- 在用户群体中找到并激励最有价值的宣传者。
- 投资并设立一个正式的用户宣传项目。
- 完善让用户成为宣传者的方法流程，让对公司感到满意的用户能够更容易地与其他人分享自己的体验。
- 成立用户顾问委员会。
- 建立一个让用户之间进行沟通的平台。

- 让用户在创造和改进产品的过程中成为主动的参与者。
- 在组织内部每一个层级的每一场会议中都把用户问题放在议程的前列。
- 为几个关键的成功指标制定标准，并追踪实施这套标准的进展。

第四章 04

利用中焦镜头观察用户：聚焦产品之外，缩小镜头

“用户很少会去买公司认为应该卖给他们的东西。”

——佚名

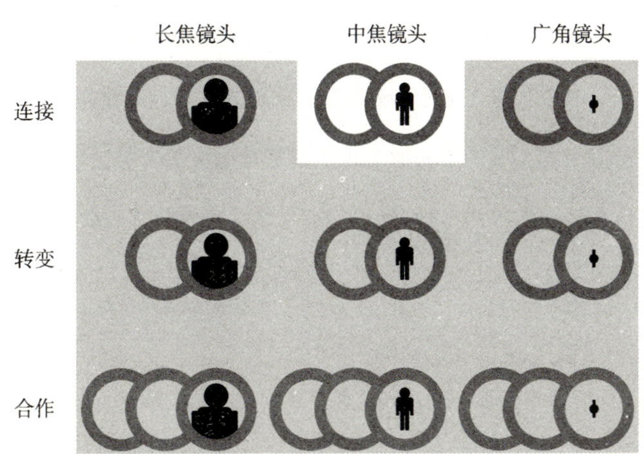

案例分析

2011 年初，迪士尼公司为其主题公园发起了一项新的宣传活动。这项活动有什么特别之处呢？所有的宣传广告中都没有出现米奇，没有辛德瑞拉的城堡，没有惊险过山车，没有娱乐项目，没有任何与迪士尼动画形象有关的图片宣传。广告中唯一的图片就是一群非常兴奋的孩子，他们在听到父母说“我们要去迪士尼乐园啦”之后高兴得上蹦下跳。这幅宣传海报背后的理念是什么？首先，迪士尼公司发现了全世界父母的共同点。他们在预定了去迪士尼乐园的行程后不会立即告诉孩子，因为他们不想听到孩子每天嘟囔“还有多久我们才能去迪士尼乐园呀”。父母最终告诉孩子们这个秘密的时刻，就是迪士尼魔法显现的时刻。欧洲国家的父母都会在电视上播出迪士尼主题公园的广告时向孩子们宣布他们要到那里去的消息。“迪士尼的魔法就在你告诉他们的那一刻开始生效。”这次宣传为主题公园的入园人数创造了新纪录。

迪士尼公司意识到了这一点——来迪士尼主题公园游玩的体验并非开始于进入大门的那一刻，而远远早于那一刻。它也意识到，许多家庭来迪士尼主题公园不只是为了迪士尼卡通人物、娱乐设施或者美味的食物。他们来这里主要是为了享受一家人欢聚的时光，创造一些属于自己家庭的美好回忆。

“迪士尼的魔法就在你告诉他们的那一刻开始生效”，两个主要理念构成了这条宣传语的核心。首先，我们需要考虑从始至终完整的用户体验。对迪士尼公司来说，用户体验开始于他们预定门票的时候，而不是他们走进公园的那一刻。其次，我们还需要考虑用户消费行为背后的潜在目的。迪士尼公司了解到，用户来公园就是为了共享家庭的欢乐时光。这两个理念对于我们进行用户导向的创新活动以及连接用户、了解用户来说，有着重要并且深刻的影响。

在本章内容中，我们将会介绍用户体验历程和用户的结果导向原则的相关概念。这些概念有助于我们用更广阔的视角看待用户，而不仅仅是从我们的产品和服务的角度出发。用户体验历程可以让我们了解到用户购买我们的产品、使用我们的服务的几个过程。通过研究这些过程，我们可以对用户在体验历程中的需求形成更全面的理解。结果导向原则会让我们从用户的视角去看待产品和服务，去看清它们在用户的生活和工作中真正扮演的角色。

考虑完整的用户体验历程

站在公司的角度，我们需要确保自己看到的是用户的整个体验历程，它所呈现出来的是用户与公司共同度过的完整经历。从本质上来说，用户体验历程就是一幅描绘用户得到正确的产品、为实现自己的目的而使用产品的一系列步骤的线性地图。用户体验历程勾勒出了用户经历的每一步，其中一些会涉及用户与公司的交互，而另一些则没有。

我们先从一个用户体验历程的模式化案例开始，你可以将其运用到适合自己的情况中。一位用户要搜索某种产品，一开始可能会先在谷歌里搜索产品名称或者类别，此时他还没有与你的公司产生任何正式接触。近期一项研究表明，在B2B（企业对企业）模式下，有60%的购买流程都是在销售人员参与之前就已经完成了的，用户倾向于在购买过程中把直接接触的时间点推后。接下来的一步可能就是和销售人员接触，并做出购买决定。购买结束后，体验历程还在持续，使用产品和服务、获得售后服务甚至转卖产品都属于用户体验历程的一部分。用户体验历程如图4–1所示。

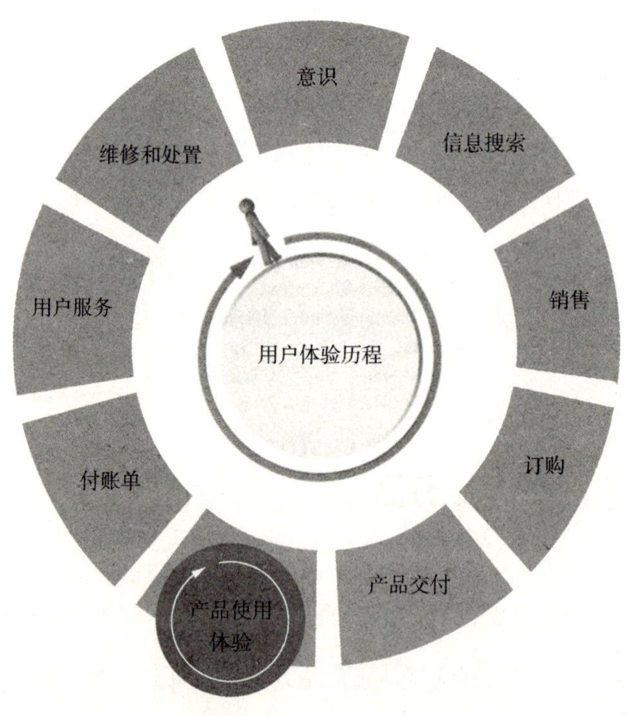

图4-1　用户体验历程

绘制出用户体验历程的地图只是第一步，现在我们的工作才算正式开始。关于公司如何利用用户体验历程图，有以下这些做法。

首先，公司的任务就是要确保用户体验自始至终的一致性。一致性意味着用户体验与公司的价值主张是一致的。假设你要入住一家经济型酒店，那么你就不会对必须要到门厅里的自动售货机里买饮料感到失望了。但是如果你住的是五星级酒店，房间里却没有赠送的瓶装水，你就会感到失望。当你在一家工厂直销店买了一个音箱，你会觉得自己应该不会得到非常完善的售后服务。但是如果你买的是 Bang & Olufsen 公司的最新产品，你肯定会期望得到完整的服务体验。从店内选购到售后服务，你希望它们都能达到像其产品设计一样的高品质。

其次，公司需要确保在每个步骤都能实现承诺。完美的用户体验不是偶然发生的。用户体验历程让公司面临的诸多挑战之一就是在体验过程中涉及的用户都是不同的。筒仓型的组织通常会被内部的障碍弄得非常混乱。如果你的公司主要依靠前线工作人员来完成这项工作，比如行政专员、客服中心代理、销售人员、专业技术人员、产品配送人员、安装人员或者其他会涉及用户体验历程的员工或者代理人，你还会面临一个额外的挑战——你需要确保这些员工在用户体验历程中传递出的价值主张与你是一致的。明确你对这些员工的期望是一个必要的前提。一项针对用户前线工作人员的调查指出，84% 的员工都表示他们没有从高层管理者得到足够的信息，还有 75% 的员工说他们的老板从来都不会告诉他们关于政策和目标变更的充分信息。几乎相同数量的员工（74%）都提到了高层管理者传递信息的一致性问题。这一点对员工非常重要，但是很难实现。维持一致性的用户体验需要公司内部一致性的沟通。

在全公司引入这样一种以用户为本的思维模式确实会带来挑战，尤其是对那些一直以来都是产品导向型的公司来说会更加困难。我们需要明白，我们要实现的差异化竞争优势不只体现在产品或者服务上，而是需要在整个用户体验历程中保持一致性。如果用户是最优先事项，那么他们就应该成为公司每一次与他们接触时的最优先级。这也意味着公司在考虑用户体验历程时可以创造许多机会，能够为用户增加超越主要产品和服务的价值。

案例分析

有一个曾经与我们合作的玻璃制造商的案例。为了给汽车消费群体增加更多价值，这家制造商决定对消费者的体验流程进行一次深入分析，也就是说要对消费者为实现自己的目标而必须经过的每一步都采取流程式的、逻辑性的分析。它的目的非常明确，就是要尝试找出能够为用户创造附加价值的领域。进行这一项目需要找到一个愿意与制造商合作的关键用户，以一个由市场、销售和售后服务组成的交叉职能的团队为基础，并且需要明确用户需求。随后，模式化的解决方案就出现了，这些方案不仅让玻璃制造商能够和用户签订长期合同，在利润增长上也起到了明显效果。

考察完整的用户体验历程更多的会被看成一种挑战，一种需要把多种渠道、多方利益体都融合在无缝衔接、连贯一致的用户体验中的挑战，却很少会被看成一种与用户更好地沟通、向用户传递更好的价值的机会。它为公司带来的机会其实是多元的：

- 可以从用户身上学到东西；
- 可以为用户创造价值；
- 可以通过重新思考完整的用户体验来进行创新。

（1）向用户学习的机会

案例分析

我们以进行了市场细分之后的 3M 汽车公司为例。市场细分让 3M 汽车公司为车体修理厂提供了工具和材料。为了更好地理解用户的活动，销售人员被要求花更多的时间去观察用户在修理厂的行为流程。一份关于用户行为流程的报告显示，车体修理厂的工作流程主要由三个部分组成：维修车体的送入、维修和送出。整个流程的成本结构包含四个元素：劳动力（50%）、组装零部件（40%）、涂料（7%）、非涂料消耗品（3%）。

汽车维修厂里工人们真实的工作场景让 3M 公司意识到了应该如何实现本公司喷漆产品的差异化。当观察者发现其他汽车修理厂的同行笨手笨脚地用着喷漆枪，在装填和清洗上浪费了大量时间时，他们就明白了减少使用涂料产品并不会真正对修理厂有帮助，修理厂应该通过使整个流程更加便捷从而减少不必要的劳动时间。引进一种专用的喷漆系统可以减少喷漆工作 15% 的时间，从而降低车体修理厂的成本，这比通过降低非涂料产品的价格来降低成本更有效。

三分钟练习

当我们在追踪终端用户的活动和体验流程时，有一种有效的方法叫作“三分钟练习”。三分钟练习的目的是了解终端用户在使用产品或者服务之前的三分钟和之后的三分钟里会做些什么，然后根据相同的路径再去了解他们在下一个三分钟里的行为。如果你觉得三分钟不够，那么你就需要不断延伸这一行为，一直到你对于用户的整体行为流程有了全面的认知为止。

这种方法通常需要结合访问和观察。它可以让你看到你的产品和服务的使用环境，以及与其他产品的联系。因此你需要观察的重点有以下这些：

- 什么产品和服务会和你的产品一起被使用？
- 什么产品会在用户使用你的产品和服务之前或之后立即被使用？
- 这些产品和服务是如何实现彼此之间的无缝连接的？

（2）为用户创造价值的机会

用户体验历程是一种非常有用的结构组织工具，可以帮助你发现为用户创造价值的机会。对于一家拥有为用户创造价值的理念的公司来说，关注用户在挑选、使用和维护产品时的活动是非常有必要的。我们可以通过在用户体验历程中的每个阶段进行自我发问，发现为用户创造价值的机会。

首先，在这个阶段里，我们能够帮助用户达到更好的结果吗？

在每个阶段里都要考虑用户的目的，想一想我们能否让他们更接近目标。举个例子，一个在搜索阶段的用户想要以一种更容易的方式来比较不同的产品和服务，我们可以帮他实现这一需求吗？NIBC 银行专门建立了一个网站，让用户可以在这里比较所有储蓄账户的利率和其他资料。法国之家建立了线上平台，让潜在用户可以找到所有的产品条目，而且可以用一个非常方便的模板来比较不同的产品。

其次，在这个阶段里，我们能够帮助用户降低成本吗？

降低成本并不意味着以最低价格购买产品，在这里我们要对成本进行广泛定义。用户的总体成本涉及获取信息、购买、使用、维修、保养和处置，也就是用户体验历程中包含的全部成本。这就包含了挑选成本、购买成本、使用成本、维修成本、保养成本还有处置成本。比如，窗帘制造公司想要回收产品，帮助用户降低处置成本。有些公司会进行预先的产品保养，从而降低用户体验历程中的产品使用成本。此外，用户成本也包含非货币成本，比如时间成本。奥的斯电梯公司会对上千个电梯进行检查维修，还会基于对相关数据的分析预先发现一些电梯的故障。这样就能阻止电梯出现故障，节省用户的时间成本。

最后，在这个阶段里，我们能够为用户降低风险和不确定性吗？

我们可以在用户购买产品或服务时降低他们可能面临的风险，以探索更多为用户创造价值的机会。用户对风险的感知是一种主观的衡量标准，被定义为“损失预期”。用户预期中的损失可能会出现在各个方面：产品性能风险、财务风险、时间风险、社会风险和心理风险。首要的三种风险来自于产品本身，即性能、价格、耐用性及易用性。社会风险是一种潜在损失，因为用户选择的产品有可能不符合他想要传递或映射出的社会印象。告知用户其他人的看法可以帮助他们做出更好的购买决策，从而为其增加价值，这样就可以消除一定的社会风险。一个简单的“最佳销量”的名号也可以减少社会风险，网络购物平台上的许多推荐和评论同样有助于消除社会风险。心理风险是指当购买者发现自身形象与产品之间出现不匹配时引发的心理不适感，他们可能会由此产生顾虑，后悔购买或使用这一产品。有一句老话是“你不会因为购买 IBM 的产品而被解雇（You can’t get fired for buying from IBM）”，这已经成为最有力的营销话术。这句话说明了一个事实，消费者宁愿购买经济上难以承担的产品来降低风险，也不愿意做出更好的购买决定来获得潜在收益。

案例分析

我们以 ZAGAT 公司的调查为例，《华尔街日报》称其为“美食圣经”。妮娜 · 扎格特（Nina Zagat）和蒂姆 · 扎格特（Tim Zagat）的家庭创业始于 1979 年，一开始这只是他们的一个爱好。他们最初的想法只是让上千名普通的食客对他们去过的餐厅给出点评，这并不是专业的美食评价。后来妮娜和蒂姆进行了一项针对全球 35 万名消费者关于他们去哪里吃喝玩乐的调查，调查结果被他们整理后写进了一个便携的笔记本中。这是一种评价餐厅、酒店等场所的产品和服务质量的独特方式，它使 ZAGAT 在短期竞争中脱颖而出。几年后，ZAGAT 成为了受到消费者高度信赖的、餐饮娱乐方面的信息来源，它帮助消费者做出明智的决定，为他们创造了独一无二的价值。ZAGAT 通过整合上千人在餐厅消费体验的信息，并把这些信息传递给数以百万的人，为用户创造了价值。用户在面临那些体验成本和风险较高却只能通过体验来确定质量的产品选择时，ZAGAT 预先提供的信息就非常具有价值。信息传递让用户减少了搜索和选择成本，并且降低了用户遭遇欠佳的用餐体验的风险。

ZAGAT 是这种商业模式的先驱和典范，被许多线上产品模仿。其背后的理念既强大又简单：人们会相信来自其他用户的信息。了解其他人对酒店、餐厅、商店的看法会让我们觉得更放心。有了 ZAGAT 提供的服务，我们不仅能了解到其他人的体验，还能消除在寻找合适的餐饮娱乐场所时的不确定性。像 Yelp 和 Tripadvisor 等模仿 ZAGAT 模式的公司也有很多，用的都是相同的原则和理念，它们会通过减少错误消费的风险为用户创造价值。

像 Yelp 和 Tripadvisor 这样的公司就是通过考虑用户体验历程来创造机遇，而用户体验历程还有待更多的公司去挖掘其价值。旅游行业主要还在关注公司与用户现有的接触点，但是 Tripadvisor 就已经探索到了其他同行未探索到的阶段：用户搜索信息的阶段。此外，亚马逊也会通过整合网站上的用户评论，用不一样的方式来为用户创造价值。如此一来，搜索和购买阶段就可以在用户自己的环境中结合起来，他们也就不会选择亚马逊之外的网站购买产品了。

案例分析

亚马逊根据消费者的评论和搜索记录向不同的消费者推荐个性化的线上书店，因此减少了消费者购买失误的风险。网上零售证明了整合信息创造利益的雪球效应：聚合的信息越多，个性化推荐的精准性就越高，公司为用户创造的价值也就越大。

亚马逊是线上零售体验的创新先驱，在成立之后的几年时间里成为线上零售的卓越品牌。亚马逊的成功背后有许多值得借鉴的方法，包括非常重要的推荐引擎，它促进了交叉销售。通过收集大量用户的数据，亚马逊提供高质量的实时推荐，也就是根据用户在购物车添加过的商品或者他们在网站上搜索过的商品向用户推荐他们可能会喜欢的商品。这种方式给公司和用户都带来了好处。首先，用户的搜索时间缩短了。其次，更重要的是，用户做出错误购买决定的风险也降低了。因此，用户会感觉得到了更好的服务体验，最终就会和品牌形成一种信赖关系，会愿意购买更多产品。亚马逊推荐引擎中蕴涵的价值就在整合和传递最常购买的产品信息当中。亚马逊对消费者购买行为的相似性和互补性了解得越多，它就可以更好地利用这些信息去预测用户对某个特定产品种类的偏好，因此就可以在选择和购买阶段帮用户降低风险。重要的是，利用聚合信息的优势在于这种方式具有雪球效应：聚合的信息越多，推荐的精准度就越高，因此创造的价值也就越大。如果不是像亚马逊这样长年收集和积累了大量的信息，其他公司是无法复制这种成功的。

（3）通过重新思考完整的用户体验历程进行创新的机会

突破性的观点通常都来自对用户进行审视的更广阔的视角。公司可以从用户体验历程开始思考问题，并将其作为创新的起始点。

案例分析

以 PatientsLikeMe 网站为例，这是一个为慢性病患者提供服务的网站，由杰米 • 海伍德（Jamie Heywood）和本 • 海伍德（Ben Heywood）在 2006 年创办。他们两人都受到慢性疾病的困扰，他们的哥哥史蒂芬（Stephen）患有肌萎缩侧索硬化症（ALS）。杰米和本与他们在麻省理工学院的朋友杰夫 • 科尔（Jeff Cole）一起为史蒂芬和其他患有同样病症的人创造了一种互相联系的方法，也就是 PatientsLikeMe 网站。对于某个得了慢性病的患者，医生会收集关于这个患者的各种信息，包括血液检查结果、扫描图片、问诊报告和探针结果等，然后就是对患者的后续观察。如果病情严重，护士会对患者进行电话回访，医生还会对患者进行后续检查和治疗。但是患者还是有 99.9% 的时间都不是在专业的医疗照料下度过的，总会出现这样那样的小病。因此，患有相同疾病的人可能需要一个能相互沟通和支持的平台，而 PatientsLikeMe 正是这样的平台。

PatientsLikeMe 平台上现在已经有超过 20 万的患者，记录的疾病有 1 800 多种，其中大部分都是神经性疾病，比如肌萎缩侧索硬化症、多发性硬化症和帕金森症等。这个平台对患者是免费的，它拥有多种优势：特别是它有利于患者之间的交流，让他们可以一起分享不同的治疗经验，也可以彼此支持和鼓励。每个患者都会有自己的档案，里面记录了他们的治疗历史和自我报告。他们可以在这个网络平台上点击任何一种自己正在使用的药物的名字，并且标记出现过的药物副作用。PatientsLikeMe 网站的会员并不是把他们的疾病当成轶事一样拿出来分享，他们会对疾病进行量化分析，把自己的症状和治疗转化成有用的数据。他们会记录疼痛的器官、部位和时长，列出使用的药物和剂量，并评估药物对症状的改善情况。所有这些信息都会被编辑整理，通过网站的软件整合转化为清晰的柱状图和进度曲线图。这些信息都是开放的，可以用于比较和分析。患者档案中的信息被整合在一起，针对特定病症医生可以提供关于不同治疗方案和用药的统计信息。PatientsLikeMe 的会员通过分享大量信息创造了一个关于疾病治疗和患者经验的丰富数据库。对于一些患者来说，了解其他有同样疾病、但是对疾病控制更专业的人的经验可以延长预期寿命。其他人在这里发现了有价值的信息时也可以加以利用，还可以更有底气地要求自己的医生改变治疗方案。

托德 • 斯莫尔（Todd Small）患有代谢综合征。得这种病的患者通常会用氯苯氨丁酸来进行药物治疗，它可以直接对脊髓产生作用。在 14 年来的每一天，斯莫尔都要服用 10 毫克的氯苯氨丁酸。“我的神经科医生总是告诉我，如果你服用得太多，这种药会削弱你的肌肉。所以我从来没有服用超过 10 毫克的剂量。”这似乎没有起到什么效果，但是斯莫尔还是竭尽所能地坚持服药。如果他没有登录过 PatientsLikeMe 网站，他可能还是会一直如此。在这个网站上，斯莫尔选好了用户名，建立了自己的档案后，就开始按要求列出他的症状和治疗方案。他开始每天服用 200 毫克的达莫非尼，用于抵抗注射那他珠单抗（为了延缓代谢综合征）造成的疲劳症状。斯莫尔点击了氯苯氨丁酸，发现 PatientsLikeMe 网站有将近 200 个注册会员都在服用这种药。他又点击了一下，网站上弹出一个加粗的柱状图，显示的是这 200 人用药剂量的范围。和多年前神经科医生告诉斯莫尔的完全不同，10 毫克并不是最大剂量。事实上，这是最低剂量。“他们会服用 30 毫克或者 60 毫克，有时还会服用 80 毫克——而且他们的状况很好。”斯莫尔回忆说，“这让我很震惊：我根本没有用到足够剂量的药。”几天后斯莫尔要求医生增加氯苯氨丁酸的剂量，现在斯莫尔每天会服用 40 毫克。

PatientsLikeMe 提供的除了信息价值，还有把境况相同的人联系起来的情感价值。通过 PatientsLikeMe 网站，人们可以与同病相怜的人相互沟通，可以为彼此提供情感上的支持。这个网站也有助于人们互相分享一些如何控制疾病的实用建议：如何控制副作用，怎样缓解疼痛和不适，更简便的记录服药的方式是什么等。

PatientsLikeMe 发现了慢性疾病患者在用户体验历程中存在的医院尚未发现的漏洞。这个漏洞就是患者在家养病时缺乏专业的医护，他们会因此产生担忧、疑虑和问题。找到这个漏洞也就找到了一种为患者带来价值的方式。PatientsLikeMe 让那些有相同病症的人提供经验，降低患者在体验历程中的不确定性，消除他们的疑虑。

通过系统性地观察用户体验历程，理解从中产生的机会，许多公司都已经开始重新设计用户体验历程。当你在审视用户体验历程和寻找新的机遇时，可以问自己下面这些问题。

- 我们是否做到了站在用户的角度，全面理解用户体验历程中的所有阶段？
- 我们是否了解用户在每个阶段经历的问题？
- 怎样才能通过在体验历程中降低成本和风险，或者帮助用户实现更好的结果，从而为用户创造更多的价值？
- 是否有可能对用户体验历程中的阶段进行重新配置？

——是否可以增加一个步骤？

——是否可以跳过某个步骤？

——是否可以将多个步骤组合成一个？

- 是否可以把在用户体验历程中呈现出来的问题的范围扩大？
- 是否有机会彻底改变用户体验历程？

在体验历程中，来自用户的视角可以让我们有更多机会为用户提供超越产品的价值。

专注于用户目的和结果

当我们在审视用户体验历程时，最重要的就是要避免因为过度专注于产品而导致的目光狭窄。站在用户的角度看待事物意味着我们需要专注于用户通过这种产品和服务能得到什么，他们使用某种产品和服务的目的是什么。因此我们应该弄清用户想要得到什么结果：他们追求的是什么？研究用户体验历程是公司理解用户目的的一种路径。

你可以想一想“奶昔的故事”。为什么人们会在早上买奶昔？这并不是为了追求好的口感、填饱肚子或者为了营养。人们真正想要的只不过是早晨无聊的通勤途中的一个小小乐趣；他们需要一种在到达上班地点之前在车里就可以解决掉的食物，而且这种食物既不会弄脏车也不会弄脏衣服。

专注于用户想要达成的目的可以帮助公司避免过于关注产品本身而出现短视。产品的特点一直在变化，但是用户的目的通常都会维持不变，这是柯达公司学到的深刻教训。用户购买的不是胶卷，而是胶卷能够创造回忆、让人们与他人分享经历的功能。当替代品开始出现，用户可以用更加方便或者廉价的方式来达到相同的目的时，他们自然会选择这种方式。

从用户的角度出发意味着关注他们关注某种产品的目的，而不是他们对这种产品的即时需求。这可以让我们扩大分析的范围，在用户所在的整体环境中研究产品。

案例分析

我们以巴可公司为例。这家视频显示供应商是投影仪行业的先锋企业，也是数字电影放映机和大型赛事投影仪的全球领导企业。

一开始，巴可公司想要为当时在市场上并不活跃的新产品线寻求用户观点，但它并不只是去询问用户的需求。它还设计出了用于模仿真实环境的实体模型，购买这一产品的用户将会被带入一种尽可能接近真实体验的环境。它没有对用户需求进行假设性的讨论，而是对产品概念进行实体化。此外，它在与用户沟通时主要关注的是对用户需求的理解，沟通的形式是三次谈话。每一次谈话之后，巴可公司都会吸收新的想法，并完善产品概念。其团队了解到了一件事：用户寻求的解决方案不可能通过限定的产品思路来实现。正如你可以想到的那样，最终的用户解决方案没有涉及投影仪技术，而是涉及连通性和交互性。如果巴克公司只是问“你想要投影仪满足你的什么需求”，那么它是无法揭示这一点的。

案例分析

我们以澳瑞凯公司为例，其前身是 ICI 爆破器材公司，是澳大利亚爆破行业的领导企业。这家公司成立于 19 世纪，当时是维多利亚金矿地区的爆破器材供应商。如今，澳瑞凯公司在市场资本化之后已经成为澳大利亚证券交易所排名前 30、拥有百万市值的公司，其在 50 多个国家和地区开展业务，市场占有率是过去的两倍。现在澳瑞凯依然活跃在它创业时的领域当中。

一家公司怎样才能在如今瞬息万变的商业社会中成功生存下来？像许多竞争对手一样，澳瑞凯公司也会试图通过降低成本来保持竞争力。然而，澳瑞凯公司的工程师对待这一挑战的方式却截然不同，他们会通过掌控好爆破的精准度和效率来节省大量的成本。他们会衡量 20 个影响爆破质量的参数，并从用户那里收集关于这些参数的数据。在很久之前，澳瑞凯公司就已经研发出了预测算法，用来对需要钻孔的矿坑的类型以及需要用到的爆破材料的数量进行详细说明。这种算法非常精确，澳瑞凯公司几乎可以对爆破结果做出百分之百的保证，这让它成功地脱离了商品化陷阱。澳瑞凯公司不再出售爆破器材，现在它开始发展出售破碎岩石的业务。

专注于用户想要得到的结果可以让你在相关的维度上实现差异化。研发某种新产品应该以帮用户解决他们最大的问题、提升他们整体效能为出发点。因此，善于进行以用户想要的结果为导向的创新的公司可以创造出新的价值和不断增长的利润，甚至在一些已经发展到一定程度的成熟行业也是一样。

用户调查的范围应该超越产品本身，延伸到对用户目的的了解上。在用户实现目的的过程中，产品起到的作用可大可小。为了了解用户的目的，我们需要对用户的行为、生活和工作了如指掌，就像了解自己一样了解用户。从用户想要的结果的角度来看待问题，会有很多好处。首先，这可以在创造新产品和引入新服务的过程中提高成功率。其次，这也可以提高用户的满意度。不断探索以用户的结果为导向的观念，带来的不只是成功的创新，本质上来说这也是一种可以帮助公司成长的策略。

案例分析

20 世纪 90 年代中期，通用汽车公司的几名工程师意识到，技术进步可能会带来针对驾驶者需求的新商业模式。得益于数字绘图技术、卫星导航技术和移动通信技术的突破发展，驾驶者能够更加便捷地获取信息和支持，甚至可以像在家里或办公室里使用个人计算机和手机一样享受一些娱乐服务。

通用汽车公司的全资子公司安吉星公司成立于 1999 年，当时被作为“灯塔项目”。它在汽车制造中融合了通用汽车公司、电子数据系统公司和休斯电子公司的卫星定位技术、客服技术系统和汽车电子技术。安吉星的总体理念就是要把无线通信技术与汽车结合起来。当时汽车行业都普遍关注高利润的硬件设备和能够提升汽车销售利润的配件。无线娱乐设施和信息系统的发展似乎有着无限的可能性，但产品性能的潜在缺陷也在慢慢变大。

尽管当时已经有了这样的技术，但是用户对于如何用车载信息系统来解决问题尚不清楚。安吉星没有被新技术无限的可能性冲昏头脑，其团队只关注系统中与用户最息息相关的功能。用户在面对新产品时，最关心的是什么问题？在没有可接受的解决方案时，汽车驾驶者希望获得怎样的结果？对于灯塔项目来说，他们的工作就是让用户安心。

安吉星团队决定把灯塔项目的重点放在驾驶安全性上。通用汽车公司的工程师研发出了一种新型通信硬件系统和服务包。这套硬件系统包括一部手机、一个 GPS 接收器、两根电信天线、一个有三个按钮的控制板和一个调制解调器。这种服务包主要针对的是驾驶中的安全问题。比如在紧急情况下，司机只需要按下仪表板上的红色安吉星按钮就能接通客服中心的顾问。顾问会通过 GPS 定位车辆所在地点，并联系最近的急救中心去援救驾驶者。只要车里的安全气囊被打开，这一套系统就会自动工作。

其他服务还包括远程开锁、被盗车辆追踪、道路救援和远距离车辆警示灯识别。很显然，这些服务是公司在真正探寻了用户需求后才得到的结果。79% 的使用安吉星服务的用户说："我在开车时最关心的问题之一就是在路上遇到事故且得不到帮助。"通用汽车公司的安吉星远程信息处理系统已经逐渐成为公司的盈利之星。安吉星现在为美国超过 570 万的驾驶者和中国的 50 万驾驶者提供服务。分析显示，安吉星每年的收入大约有 15 亿美元，利润率为 30% ～ 35%，是通用汽车公司 6.2% 的年利润率的 5 倍。安吉星关注用户最关注的驾驶安全问题，使其获得了极大的竞争优势。

重新思考划分用户的方式

当我们采取由外而内的视角时，通常都需要重新思考我们划分用户的方式。

案例分析

我们以 Securitas 公司为例，这个安保行业的巨头在全球范围内为许多商业用户提供安保代理服务。Securitas 公司从最初提供临时安保工作人员转型为现在的整体安保系统供应商，其转变发展的关键一步就是 Securitas 公司重新思考了用户划分并改变了用户的组织性结构：Securitas 公司以前以地域来划分用户，现在则是根据行业来划分。为什么需要在用户细分方面做出改变呢？

如果 Securitas 公司按照统一的标准为用户提供安保代理，那么按地域划分用户就可以满足公司的业务需求。如果基本的服务对于所有的用户都是一样的，那么按地域划分能够让销售人员有效地工作。但是当公司的重点转移到了为用户提供问题解决方案时，这种划分方式就会成为一种障碍。用户需要的问题解决方案包含了安保人员、门禁系统、警报系统、监控服务等。提供这些服务需要更多的技术支持，也需要对用户所在行业有更深的了解。就比如说，购物中心的安全服务解决方案和工厂所需要的方案是完全不同的。以行业来划分用户群体有助于公司更好地考虑这些差异。Securitas 由此转变为行业中心型的公司，这种转变使其获得了为有着相似需求的相似用户提供服务的经验。

对于你的公司的市场细分，你需要问一个关键问题：这样是否更有利于理解用户行为？不同的用户群体具有完全不同的行为特点。当我们开始看到这些特点背后的价值，考虑到用户需要达成的目的时，我们会面临现有的用户划分方式的限制。一般来说，比较普遍的用户划分方法都是那些在商业学院接受过专业教育的知名公司的经理会在市场部门使用的方法，而这恰好解释了为什么产品创新对于他们来说是一场胜算极低的赌博。

然而，还是有很多经理很少去思考这个问题：他们的市场划分对创新活动的引导是否在正确的方向上？大多数公司的用户划分方式都是由产品的特点（种类、价格）或者用户的特点（年龄、性别、婚姻状况和收入水平）决定的。一些 B2B 公司会根据行业来划分市场，或者会根据商业规模来划分市场。还有一些公司会以销售渠道或者地域分布为基础划分用户。划分用户群体没有单一的正确方式，但是许多公司却经常混淆销售渠道划分和终端用户划分。根据不同销售渠道（比如企业购买和政府购买）来进行用户划分，是无法发现企业用户和政府用户的行为中的异同点的——你不清楚哪一类用户的要求更高、更复杂，哪一类用户只有基本要求。一个主营建筑产品的公司可能会把目标用户分为手工爱好者、安装工、建筑商、批发商和零售商这几类，但是实际上，每类用户都会购买相同的产品，每种渠道都指向了相同的终端市场。为了真正了解市场，我们需要对终端市场进行细分。这样我们才能问自己：怎样才能通过每种渠道更有效地接触到终端市场？

根据人口统计学信息（包括性别、年龄、婚姻状况、受教育程度等）划分消费者不算是一个好方法。把企业用户分为小型、中型和大型不利于你更好地理解用户。问题在于用户不会完全符合某个群体的“一般用户”的特征侧写。通常而言，公司进行用户划分主要是为了识别高价值用户，而不是为了真正了解所有用户。而且，终端用户群体的特性通常都不足够具有代表性。通过更深入的挖掘，我们可以发现能够对市场施加更大影响的用户群体。我们需要问自己的是：是什么让这些用户与众不同？如何使这些用户与我们的产品和服务匹配？用户划分方法如果能够被合理运用，就可以帮助我们走近用户，更好地服务用户，发现还未被探索到的市场机遇。

案例分析

下面要讲的是道康宁公司的例子。道康宁成立于 1943 年，是一家由陶氏化学公司和康宁公司均等持股的合资公司，是硅胶技术的主导企业。硅胶在各个领域都有广泛的用途，从电脑到建筑，再到纺织品和美容产品。道康宁生产超过 7 000 种硅胶产品，销售给了超过 20 个终端用户市场。

2002 年以前，道康宁公司发现，随着市场的成熟，硅胶逐渐成为一种商品。在所有行业中，许多成熟型产品的利润在近十年来持续下降。竞争格局开始扩大，用户需求也开始变化。道康宁公司意识到，需要用一种更加注重需求的方式重新划分用户。对用户划分的战略性审视揭示出了能够为公司创造巨大机遇的信息。通过新的划分方式，道康宁公司发现，不考虑终端市场，用户主要可分为四个群体：创新型、保守型、成本效益型和价格搜求型。在这种划分方式之下，道康宁公司可以发现哪个群体对服务质量感到满意，哪个群体还有继续探索的空间。

创新型用户群体对于技术提升有最高的要求，通常会比较愿意参与道康宁公司的一些合作研发。这一群体与研发导向型的公司是天作之合。保守型群体不像前者那样关注产品研发，但是他们会尝试应用新的产品，也会为公司提出建议。对于道康宁公司来说，在咨询式的销售方式下，这类群体也和公司非常合拍。成本效益型群体希望能够减少总体拥有成本。道康宁公司需要把产品知识和对用户行为的理解结合起来，才能更好地帮助这一用户群体实现减少总体拥有成本的目的。对于高度创新、服务导向型的道康宁公司来说，最大的挑战就是找到能够更好地服务价格搜求型群体的方法。这一用户群体知道他们需要什么产品以及如何使用产品，但是他们不需要在产品价格中附加的所有高价值服务。

总而言之，不要让你的用户划分方式阻碍你对用户的理解。然而在很多公司里，用户划分方式带领市场策略就像马车牵着马向前走一样。采取由外而内的战略意味着要以恰当的方式划分用户。表 4–1 总结出了不同类型的用户划分方式。

表 4-1　用户划分方式汇总

	宏观策略划分	微观行为划分	由内而外划分	由外而内划分
主要目的	适应公司的策略	对行为进行个体化分析	让销售资源得到高价值的机会	引导新产品的研发
信息来源	调查信息	交易信息	交易信息	观察和访问
研究人群	可以找到的所有目标用户群体	现有的用户群体	现有的用户群体	现有和潜在的用户群体
成功标准	可执行性	完整性	可识别性	洞察性
分析类型	购买行为和态度的信息	用户的行为信息	消费数据的规模和份额	用户需求和购买标准的信息

小结

• 利用中焦镜头的关键就是要利用超越自己的产品和服务的视角。我们放大视角是为了能够看清用户想要达到什么目的，以及弄清如何让我们的产品和服务帮助用户实现其目的。

• 确保用户体验历程整体的一致性，并且要满足用户的预期。

• 使用中焦镜头可以让你开阔视角，不只局限于产品和服务。因此，它可以创造很多为用户增添价值的机会，改变你面向用户时扮演的角色。

• 确保你的用户划分方式不会形成障碍，你应该基于用户需求对市场形成明确的认识。

• 分析完整的用户体验历程，形成思路和观点，要了解在体验历程中的每一步如何为用户增添价值。

开始行动

• 从用户的角度出发制定用户体验历程，公司主要应该关注这五个关键性问题：

- 用户想要达到什么目的？
- 用户达到这一目的需要经过哪些阶段？
- 在这一阶段，我们能否帮助用户得到更好的结果？
- 在这一阶段，我们能否帮助用户降低成本？
- 在这一阶段，我们能否帮助用户降低风险和不确定性？

• 创造一种由外而内的用户划分方式。

第五章 05

利用中焦镜头实现转变：为用户创建解决方案

“消费者购买的不是胶卷，而是胶卷能够创造回忆、让人们与他人分享经历的功能。”

——柯达公司

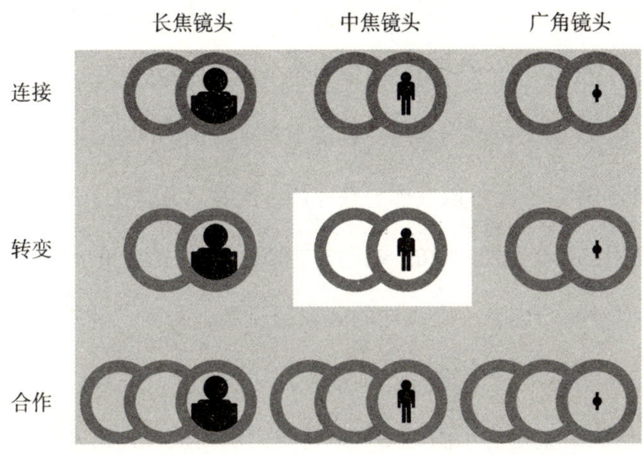

案例分析

假设你想要让一件染了色的毛衣恢复原来的颜色，你会到超市买一袋织物染色剂。到家后，你想要立刻开始行动，所以你读了包装袋上的使用说明。第一行文字说你需要在染色剂中加入粗盐，然后再放进洗衣机里。你家的橱柜里没有粗盐，所以你不得不再去一次超市。在这个过程中，染色剂公司提供给你的不是问题的解决方案，而只是一部分解决方案。

采取由外而内的视角的公司会把它们的产品和服务看成用户问题的解决方案。它们不会把目光只放在产品上，而是会审视整个用户体验历程，从而得到使用户满意的结果。通过中焦镜头，他们为用户提供了一种全面的问题解决方案，而不只是关注产品起到的作用。产品可以发挥一些作用，但是只有解决方案才能全面地满足需求。通过了解用户想要实现的目的，我们才能知道怎样为他们的需求创造解决方案。

为了全面理解如何成为一个成功的方案提供者，对问题解决方案这一概念的理解至关重要。以下从四个关键的方面对解决方案作出了定义：

- 首先，解决方案是为了满足用户的特定需求而被设计出来的。

- 其次，基于对用户需求的理解，解决方案需要符合不同用户群体的不同需求，甚至要符合个体用户的特殊需求。

- 再次，方案提供者需要融合公司内部和外部的技术、产品和服务等各种资源，提出符合用户需求的全面方案。即使你不能自己独立提供全部的方案设想，也可以从他人那里获取缺失的元素，设想出可行的方案。这又一次说明，从用户的角度思考问题才是重点：最关键的是要提供一种解决方案，而不只是一种产品。因为各种资源一体化与模式化的不同程度最终会决定解决方案的特点，所以各种可利用的资源在构建解决方案的过程中都非常重要。

- 最后，方案提供者要从提高用户的收益，减少用户的成本、风险和问题出发，为用户提供高价值的解决方案。

在一些人看来，提供解决方案仅仅是一种销售途径，而不是公司为用户创造、传递和获取价值的方式。提供解决方案更像是把各种相关的元素结合在一起，但这并不是交叉销售某种产品和服务的花哨名目。实际上，如果解决方案能够被顺利实施，就会对公司的整个商业模式产生影响。换句话说，公司需要把商业模式的各个方面与解决方案导向型策略结合起来。有很多大公司，比如 IBM、通用汽车和劳斯莱斯，都成功实现了这一转变。

正如我们将在本章中提到的，方案导向型策略不是只适用于多元化的大型集团公司。任何公司都可以在它们的产品和服务中引入由外而内的思路。通过高度关注用户并与用户合作，任何公司都可以从方案导向型策略中获取收益。

案例分析

我们以 Betafence 公司为例。Betafence 公司是业内最大的栅栏围墙类产品制造商。在过去三年里，Betafence 公司实现了从栅栏制造商到全方位的边界安全防护措施服务商的转变。这家公司目前有1 800名员工，2012年实现了4亿欧元的总销售额。它在10个不同的国家拥有11个生产站点，其贸易营业部在世界各国都非常活跃。

Betafence公司是如何在商业模式上实现成功转型的呢？它最初只是一个为批发商和安装工人提供栅栏材料的制造商。然而，Betafence逐渐意识到自己失去了商业机遇。那些要进行整体工程建设的工业类企业和大型项目用户需要的通常都不是栅栏，他们真正需要的是一种能够保护房屋地产并且保障里面的人和物的安全的方案。Betafence结合各个方面，最终形成了一套满足用户所有需求的体系，这套体系包括栅栏、大门、安全监控、检测器、警报系统和防卫系统等。因为这些用户的核心业务不包括建造边界安全防护系统，所以他们在寻找和挑选符合自己需求的安全防护元素时浪费了大量时间。如果有谁能够帮他们解决这些问题，无疑是为他们创造了巨大的价值——但是只提供常规栅栏材料的供应商都会面临市场陷阱。

Betafence公司后来开始为用户提供全方位安全防护体系，其方案结合了控制和监测系统，提供了出色的边界安全防护服务。Betafence与用户反复沟通，确认其需求。用户可以确定他们需要的材料，并且与设计师、安装工人沟通。Betafence还创立了工程部门，设计了完整的边界安全防护体系，为方案提供技术保障。Betafence还会找到合适的合作伙伴，获取非自产的产品。从采购到安装再到控制和维护，Betafence会参与整体项目的合作。它还研发出了相关技术，可以利用数字化途径和警报系统回应用户的咨询。

Betafence公司没有按照平方米对栅栏定价，而是给出整个项目的报价。因为使用了这种新的模式，Betafence就必须要绕开以前经常合作的安装公司。这些安装公司控制着用户渠道，而Betafence只是一个单纯的产品供应商，这些安装公司只是把服务外包给Betafence。为了更接近用户，Betafence还在那些没有成熟的安装市场的国家开始创建自己的安装服务体系。

Betafence 公司的价值理念从专注于产品的质量和持久性转变为从用户的角度出发，它着重于用户想要的核心结果：安全。“在困难时期，安全感是最基本的需求，人们希望自己重视的东西得到保护。我们尊重用户对自由的需求，但是也要为用户重视的一切提供保护。”

Betafence 公司的例子展现出了从产品导向型公司到方案导向型公司的转变过程中会出现的许多改变。当你了解了用户体验历程和用户想要实现的目的时，产品和解决方案的区别就非常明显了。如果你的产品在用户体验历程中只能发挥一部分的作用，只能帮用户实现一部分的目的，那么你就没能为他们提供完整的解决方案。

解决方案能够为用户的需求提供更完整的答案。方案导向型的公司会通过围绕产品解决用户的问题，创造新的增长点和新的价值，而不仅仅是提升产品本身。他们会从产品创新转变为方案创新。方案创新拓宽了市场的边界，它会把某种产品的状态作为起始点，由此出发为用户带来一些新的方案，解决他们最关心的问题，提升产品的整体性能。因此，善于进行方案创新的公司能够做到的会更多，它们不只是从直接竞争者那里获取价值和市场份额，还会创造新的价值和新的收入及利润增长点，尤其是在一些已经处于平台期的、发展较成熟的行业。

公司在探索一种销售业务的方案时，应该将用户放在中心位置，公司提出的方案一定要从用户的视角出发。销售和市场人员需要成为用户问题的专家，而不是产品专家。因此，无论公司提供产品、服务还是解决方案，在设计内部流程、组织结构和管理体系时必须要把用户放在心中。

在 B2B 的商业环境中，方案导向型策略的优势就是可以创造机会丰富用户的角色，成为用户的合作伙伴而不只是供应商。为了达到这一点，在把用户想法转变为解决方案时，我们要避免目光狭窄。为用户增加价值的机会不仅只存在于产品和服务中。我们需要的是那些了解用户就像了解自己的工作一样的专家。

在下一部分，我们会对方案导向型策略价值理念中的不同做进一步探讨，也会对产品导向型策略和方案导向型策略的差异进行对比。

由外而内的价值理念

由外而内的思路始于用户的目标，以及实现这些目标时的用户体验历程。这就意味着，我们需要站在用户的角度来定义这种价值理念。对于加深对用户和市场的理解，成功设计出一种方案途径就更加重要了。

沿着方案导向型的方向转变通常都会被误解。许多人认为，方案导向型策略就是一种逃避他们正在面临的产品商业化的办法。实际上，方案导向型的思路可以帮助公司定义用户欣赏并且愿意为之买单的差异化产品功能。但这并不意味着在产品上堆积太多服务，同时你也不能期待差异化功能可以带给你从天而降的财富。

很多公司从产品到方案导向型思路转化的动机可以总结为：“我们不能再对产品本身进行差异化了。所有提升和完善产品品质的选择都已经被用尽，或者很快就被其他竞争者复制。所以我们要为产品增加服务，并尝试在这里实现差异化。如果我们把产品价格混合在一个总体方案的价格中，用户就很难将其与其他竞争者的价格进行比较。这样我们就有可能保护自己的利益。”

这一推论通常都会导致灾难。它会导致公司对附加在产品上的服务进行无意义的过度差异化，还会对公司留住用户的成本带来巨大负担，却不一定会增加用户的购买意愿。相反，明智的用户会避开那些他们不需要的附加服务，要求降低产品价格。虽然公司这种做法的出发点是利润保护，但是最终的结果却是利润衰竭。一种典型的方案配置程序如图 5-1 所示。

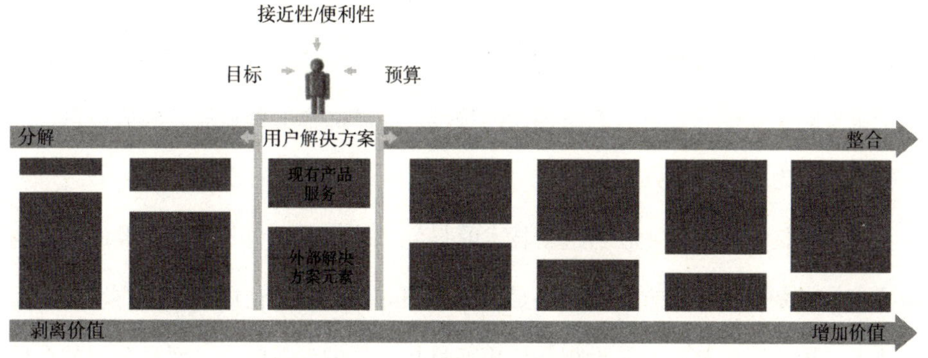

图 5-1　方案配置程序：从分解到整合

如何避免这种命运？这幅图有什么问题？如果采用方案导向型思路的目的是保证产品的销售和找到新的差异化来源，那么很明显，这不是由外而内而是由内而外的视角。这样不会带来成功，因为这种方式只是在产品上附加大量用户不需要的功能和服务，失望的用户并不愿意为额外的服务买单。他们想要剥离无意义的功能和服务，得到自己真正需要的东西。

要成功实施方案导向型策略，我们需要从根本上转变成由外而内的视角，从这一角度定义方案。有时这样也会产生额外服务，比如 Betafence 公司在栅栏产品中增加了安装和设计服务。但是有时也会减少一些服务，比如线上股票经纪公司会为当日交易者提供自助式交易的平台，不需要来自中间人的调查、顾问和操作服务。我们在下一部分将会讲到，这种视角可以带来两种不同类型的解决方案。

第一种是一体化方案

采取用户视角，提供一整套一体化的产品和服务，为用户带来他们想要的最终结果，通常可以让你有机会拓宽在用户体验历程中的视野。一体化方案的价值理念是基于产品和服务的整体性。

工业公司通常一开始都是以产品为基础的制造型企业，后来逐渐开始在产品中整合各种服务：金融服务、咨询服务、市场支持、培训和运营服务等。而且，基于服务的企业也开始进入方案创新的领域，与产品供应商或者其他服务供应商一起合作，为用户提供方案。

对于科技公司来说，在引进新技术时提供一体化方案也是很有必要的。因为新技术的复杂性，相应方案需要满足即插即用的便利性，让用户能够更容易接受新技术。用户通常都不具备设想和使用新科技产品的专业能力，而且公司的合作伙伴也缺乏这种能力。

案例分析

Newtec 公司就面临着这样的挑战。它是一家专门从事卫星通信设备研发和销售的公司，其业务在全球范围内都非常活跃。Newtec 公司为一些顶级用户提供了不少一体化方案。它与其合作伙伴没有可依靠的系统整合者、服务供应者或者技术合作者来帮助它们实施这种复杂的方案，这是 Newtec 公司大胆开展这种复杂服务的一个主要原因。

类似 Newtec 公司提供的一体化方案不是 B2B 企业用户独有的。现在，越来越多的公司向个体用户提供一体化方案。以宝洁公司为例，它尝试为用户提供一种路边服务式的干洗方案，而不只是销售洗衣粉。在 B2C 模式的案例中，为用户降低成本的方案同样可以为用户增加价值，比如可以节省用户的空余时间，降低用户的风险，避免责任，确保结果质量，提高便利性等。

护肤品公司科颜氏提供了一种自动补充方案，这样用户就不需要在产品用完时跑去商店购买了。这一方案把科颜氏护肤产品和送货服务相结合，而且方案的定制化程度取决于特定用户的需求。用户可以直接在网站上订阅全天候服务，自己控制服务的频率、计划、质量和其他各个方面。

一体化方案不一定是由产品和服务的组合构成的，它们也可以是纯产品或纯服务的组合。以产品的组合为例，你可以想一想你的智能手机。拍照、分享照片、评论照片这些功能集成在智能手机这一种产品上，被称为“照片分享”方案。

在创造一体化方案时，一个关键元素就是要设计一种满足用户特定需求的、可以有效运行的方案。方案提供者把所有需求都整合在一种方案里，会带来过重的负担。因此，完美整合了内部和/或外部的产品、服务和/或技术的方案需要满足用户某些特定的需求。所以，每种方案都会因为一体化和定制化程度的不同有所区别。一体化程度是指各种产品和服务需要在单一方案中结合的程度；定制化程度是指一种方案满足用户特定需求的程度，就像科颜氏的自动补充方案。

一体化方案能够为用户提供以下四种主要服务。

综合服务——公司提供一站式服务和能够满足用户需求的、可以有效运行的方案，不同产品、服务、知识和技术的无缝衔接是一体化方案一定具有的特点。在大多数情况下，一体化方案包含了对内部和外部元素的综合。实际上，不是所有包含在方案中的元素都是由公司自己提供的。科颜氏的自动补充方案就是和订阅平台供应方 Order Groove 一起合作实现的。然而，即便是来自不同供应者的不同元素，也都需要被完美整合在一个方案中。

运行服务——方案提供者会提供一种涵盖整个问题解决过程的、包含广泛服务的方案，其中可能包括维修养护、升级、用户支持服务、培训活动、备件管理、运行服务等。

顾问服务——因为一体化方案要解决用户的特定需求，所以方案提供者会在问题解决周期的不同阶段（从最初的概念阶段到后续的维护和运行阶段）用咨询和顾问服务来支持用户。

融资服务——这类服务由公司为用户提供的财务支持构成，包括预先融资、租赁或者在问题解决周期的初始阶段为用户提供资金支持。

案例分析

英杰明自动化公司为不同领域的用户提供先进的仓库自动化解决方案。为了帮助用户实现竞争优势，英杰明公司的解决方案主要聚焦于提高产品运行的卓越性能。以装卸作业自动化部门为例，针对自动存储和商品拣选，英杰明公司提供了先进的仓储技术和分配方案。

英杰明公司提供的方案包含多种不同的服务。首先，英杰明支持用户使用顾问服务，比如容量计算、模拟化、能源管理等。其次，实施这样的自动化解决方案还需要先进的技术性综合服务，因为英杰明提供的系统需要和用户使用的企业资源计划系统实现对接。最后，英杰明呈现给用户的服务融合了问题解决的广泛周期，从基本维护培训一直到维护完全外包。

不是所有的解决方案都由这四种元素组成。方案应该包含哪种类型的服务取决于用户体验历程中的需求。

（1）转变用户细分方式。

要实施一项解决用户问题的方案导向型措施，我们通常需要一种不一样的用户细分方式。对于深入理解不同用户群体的需求，传统的根据人口统计学信息进行细分的方式有很强的局限性。我们在前一章节已经提到过，由外而内的划分方式是了解市场的第一步，可以帮助我们定义正确的用户解决方案。正确的用户细分方式也可以让公司打破产品和服务的限制，真正了解用户需求。

案例分析

在英杰明自动化公司，概念解决方案主要针对特定用户，被明智地放在了营销服务中。针对奶酪制造行业提供的自动化导向车系统就是英杰明公司的概念解决方案之一。这套方案不仅用到了相关的自动化技术，还涉及其他行业的特定知识，比如制作顶级奶酪的流程。所以可以说，这套方案包含了英杰明对用户的深入了解，有利于英杰明向这一用户群体传达自己的价值理念。

（2）转变定价模型。

从产品到方案的转型通常都伴随着财务模式的转型。既然采取了由外而内的思路，公司就应该让产品定价与创造的价值保持一致。

案例分析

我们以证券经纪定价模型为例。股票经纪人的角色就是为用户做出最佳投资决策提供建议：应该买什么股票，什么时候买进或者卖出。传统的定价模型是基于佣金的。股票经纪人得到的佣金是以他们进行的交易为基础的，因此，如果用户是活跃交易者，经纪人就会获得很大的收益。然而有些时候，对于用户来说不进行交易才是最好的选择，这就和经纪人的利益相冲突了。换句话说：股票经纪人和用户的激励因素在定价模型中不一致。如果经纪人告诉用户不要进行交易，这可能是非常有价值的建议，因为这可能会帮助用户避免由错误决策导致的经济损失，然而这种情况下经纪人就得不到佣金了。

从用户的视角来看待这一问题，用户这时就需要付出与获得的价值一致的报酬。

产品专项方案通常意味着要把价格从产品上分离开，要对通过方案让用户得到的结果进行定价。这就要求对定价模式进行创新，让用户获取的价值和公司收取的费用等值。劳斯莱斯就是按照发动机运行的距离来定价的。

案例分析

英杰明自动化公司为其解决方案引进了不同的收入模型。其中一种是对方案进行整体定价，一旦一体化方案交付给用户就需要用户支付费用，而问题解决周期中的额外服务需要用户在后续过程中分开支付。英杰明公司也对某些特定的、更大型的项目实施了基于使用情况的定价模型。这是一种租赁模型，用户可以根据方案中包含的自动化导向车的每单位运输量付费。对用户来说，减少总体拥有成本是一个关键优势。

阿特拉斯 • 科普特公司是一家工业生产解决方案供应商，它所使用的一种收入模型结合了每月的服务费用和基于生产性能的生产率协议。如果产量增加或者减少，成本就会相应上升或者降低，那么工具的使用频率也会发生变化。

（3）从以产品为中心转变为以一体化方案为中心。

许多公司都在努力转向从用户方案出发的视角。为什么实现这一转型非常困难呢?

首先，成为一个以用户为中心的解决方案提供者的重要性经常被低估。因此，公司更多地将其看成一个项目，而非战略转型。如果公司只是把方案创新当成某个月的重点项目，那无疑会失败。很多公司在这一转型中采取的途径都只是流于表面。销售人员被训练成“方案销售者”，他们把补充性的产品和服务推向市场。然而，核心产品仍然被当作公司的发动机，服务和产品的附加元素只能被当作衍生品。我们没有去问用户真正需要什么就决定把这些附加元素直接推给他们。而用户总会谨慎地考虑他们的需要和预算，并且总会减少不必要的开支，所以他们通常都会拒绝这些附加元素。

成为一个真正的以用户为中心的方案提供者究竟需要什么？这仍然会被很多人误解。它不是对现有产品和服务进行粉饰：这是整体商业模式的根本转变，意味着将会在整个组织带来深远的影响。产品导向型的组织关注对产品的改造和提升，这在基于产品的业务部门中很常见。这些部门有自己的商业计划、资源、渠道和用户关系；地位和权力基础就是在这些部门和它们的产品之上建立起来的。要成功设计出有效的解决方案，公司必须要彻底改变组织模式：必须要询问产品和新业务，监督现有的用户关系，重构现有的责任制度。

公司的结构通常会让问题恶化。不同部门的知识和专业局限在各个部门内部，它们只负责用户方案的一部分。很少有公司能够从用户的角度出发，以流线型的方式提供产品和服务。组织里各个部门的设置应该让来自职能部门或者产品特定组织部门的专业知识和技术在规模和水平上实现最优化。但是从用户的角度来看，它们通常无法让用户得到最优化的结果。因此，我们需要进行跨界活动，在不同部门之间架起桥梁，共同合作完成一个完整的用户解决方案。

问题在于，一家优秀的产品导向型企业所具有的优势会妨碍它转变为成功的方案提供者。从产品的视角出发所面临的最大风险在于它只会让你关注错误的方面：材料、技术和工程。它会让你把视线从用户身上转移。像 IBM 这样的公司也仍然在和这种状况作斗争，它采取了一些重要的战略措施，以对抗根深蒂固的现有产品业务。拥有出色的产品真的会阻碍解决方案的销售吗？不一定。但是，强烈推崇出色的产品和出色的工程背景的文化的确是公司成为方案提供者的障碍。公司会形成一种倾向，会更注重产品而不是用户和方案。

对销售产品的投入往往是以服务为代价的，这些服务原本应该被融合到全方位涵盖用户体验历程的方案中去。服务也经常会干涉产品——它们可能会阻碍短期销售目标的达成，因为销售一种服务通常比销售一种产品需要更长的过程。当我们站在销售产品的角度，把服务当作销售产品的支持手段时，销售团队是非常强大的；当我们不能销售产品时，销售团队的存在就成了公司的额外负担。高层领导者需要采取行动，在公司内部实行激励机制。如果领导者认为传统的销售团队能够适应一体化解决方案的销售，不需要改变现有激励措施，这是行不通的。

最终的障碍来源于“非我发明综合征”，因为解决方案综合了不同的要素，通常情况下公司不能靠自己提供所有要素。成功地将所有要素整合到一体化方案中，取决于公司和其他供应者与合作方的共同协作。因此，公司需要培养合作能力，不能局限于用户和供应商之间的关系。表 5–1 强调了以产品为中心和以方案为中心的组织的关键性差异。

表 5-1　以产品为中心和以方案为中心的组织的关键性差异

以产品为中心	以一体化方案为中心
一个定价模型	根据用户获得的价值设置不同的定价模型
基于产品的业务部门结构	后端、前线、强大的战略中心
规模经济	重复经济
面向大市场的标准化产品和数量有限的用户群体	根据特定方案划分的用户群体
新产品或者服务开发	用户关系管理和解决方案开发
基于交易的市场营销	基于关系的市场营销
资产密集型	人力资源、知识和方法密集型
面向内部	面向外部
跨职能联系	生态系统联系
产品 →制造 →营销 / 销售 →用户	用户 →营销 / 销售 →产品研发 →购买 / 制造 →用户

第二种是分解式方案

一体化方案的视角通常需要对不同的部分进行整合，从而为用户带来他们想要的结果，但是相反的方式有时也是可行的。通过对现有产品和服务进行分解，去除部分产品和服务，公司也有机会为用户创造价值。对于分解式方案，存在这样三种不同类型的用户：价格搜求型用户、专家型用户、低端用户和预算受限的用户（参见表 5-2）。

表 5-2　需要分解式方案的三类用户群体

	价格搜求型用户	专家型用户	低端用户和预算受限的用户
优先需求	增加简易性和便利性，降低成本	专业性和定制化	降低成本
需要去除的产品或服务	多余的、昂贵的功能	整体服务，顾问服务	最大限度去除所有附加服务

（1）价格搜求型用户

针对价格搜求型用户的解决方案通常需要分解现有的产品和服务，将其转变为独立的部分。我们以航空行业出现的一个专机为例来说明。多年以来，航空公司都是通过在用户解决方案中附加更多的要素（虽然主要针对的是商务旅客和发生在机场或者机上的用户体验历程）来相互竞争。这些要素包括机上的食物和饮料、升舱服务和娱乐服务，还包括机场里的服务，比如优先通道。但是，价格搜求型用户不需要也不喜欢这些服务，这样只会增加他们的成本，而且不一定能提升满意度。而廉价航空公司则去除了这些服务，只剩下最基本的核心服务：以可以负担的价格，准时地把旅客从 A 地点送往 B 地点。廉价航空公司为用户提供了符合他们需求的方案，但这并不是一体化的全方位服务方案。

案例分析

道康宁公司是硅胶技术的全球领导企业，它在遭遇价格压力时也经历过同样的问题。一直以来，道康宁公司都在竞争中提供包括专业销售途径、技术支持、顾问和运行服务在内的全方位服务。然而它却发现，市场中有一个用户群体觉得这些服务没有必要，或者他们根本不需要这些服务。这一类用户群体通常都会大量购买同一类型的产品，对于产品的使用有丰富的经验和自己的方式。从某种程度来说，道康宁公司的附加服务还是具有价值的，但是这种价值已经逸散，这些附加服务已经不能为用户降低成本或风险。实际上，这些服务的成本包含在了总体价格中，导致产品价格上升，用户逐渐转向其他供应商。

道康宁公司的应对措施是成立了第二个品牌 Xiameter，提供更适合价格搜求型用户降低成本和风险需求的服务。在 Xiameter 模式中，用户可以买到高性价比的限定标准的整箱硅胶产品，除此之外没有其他额外服务，面对面的销售也由电子商务所取代。Xiameter 的核心就是在整个用户体验历程中降低成本，而不是降低风险和不确定性，因为后者并不是这一用户群体的优先需求。

（2）专家型用户

有时候用户会有他们自己的内部资源，可以自己处理自己的需求，他们只需要找到一家公司来实行总体解方案即可。这类用户对于一体化解决方案是不买账的。他们需要的是对产品和服务的分解，因为他们拥有相关的知识，不需要顾问服务，或者说他们的需求具有太强的专业性，除了他们自己之外别人无法满足。

随着时间的推移，用户的知识会变得更加丰富，所以他们可以更容易地发现一体化方案中自己最需要的部分和多余的部分。当用户接受的相关教育足够多，他们就不再需要知识咨询服务了。

（3）低端用户和预算受限的用户

低端用户和预算受限的用户的优先需求就是降低成本，能省就省。对于低端用户来说，只有在解决方案将成本降低到他们可以接受水平时，他们才有可能进入市场。预算受限的用户可能很愿意去尝试产品和服务，但是他们未必愿意付款。通过让这类用户得到他们想要的结果，公司可以彻底改变用户体验历程。

案例分析

曾经，牙齿漂白是非常昂贵的牙科治疗项目，而且是由牙医来进行的，只有中产阶级才负担得起。在宝洁公司推出佳洁士美白牙贴之后，专业的牙齿漂白一次只需要30 美元，低端用户和预算受限的用户也可以漂白牙齿了。在美白牙贴进入市场的第一年，这种在家就能自己动手漂白牙齿的方案实现了一亿美元的销售额。

以上三类用户更倾向于分解式方案，而不是一体化方案。虽然原因各不相同，但是结果都是一样的：把总体方案分解为不同的部分，再混合匹配，生成符合需求的正确方案。通常人们都认为，要通过增加产品和服务并将其整合来生成解决方案，但是在有些情况下，有些方案则来源于对现有产品和服务进行分解。因此，关键性的方法是要把现有的产品和服务看成一种一体化方案，然后根据用户体验历程把它拆解成不同的部分。问一问自己：方案的每个部分是否都能够真的为用户创造价值？用户为了节省成本是否会更倾向于将某些部分去除？

从以产品为中心转变为以分解式方案为中心，从理论上说很简单。公司需要去除用户不需要的产品功能以及用户不在意的服务。要做到这一点，你需要克服自己的商业直觉，拆解产品和服务，只留下核心部分。这样做是为了简化服务和节约用户成本，虽然你去除的不仅有成本，还可能有利润。

核心能力的思维陷阱

本章已经讲过，采用由外而内视角的公司把它们的产品和服务看作解决用户问题的方案。基于对用户想要达成的目标和对实现目标的用户体验历程的理解，它们会调整产品和服务，以全面反映用户需求。它们的重点是为用户提升价值，降低成本、风险和不确定性。站在这一角度定义用户解决方案时，公司很容易遇到现有产品和服务的限制。它们或许可以理解用户的想法，但是需要认识到的是，要充分运用用户的思路就必须要跨出自身的界限。

产品功能止步的地方不是用户体验历程止步的地方。从用户体验历程的视角来看，我们需要扩展现有的功能和经验，以更好地为用户提供解决方案。

很少有哪种组织理论像能力本位思维一样拥有如此巨大的影响力，并且被广泛引用。加里 · 哈默尔（Gary Hamel）和 C. K. 普拉哈拉德（C. K. Prahalad）在 20 世纪 80 年代末期提出了这一理论，核心能力的概念是指为公司的各种活动提供共同基础的首要能力。基于这一理论，公司就不是策略性业务部门的集合，而是各种核心能力的组合。核心能力的概念主要用于以下三种不同的决策中。

第一种是决定将什么作为竞争性优势的基础。在这种情况下使用核心能力时，公司通过找到支持各种不同活动的共同基础来组织活动。然后，公司就会确定这些共同基础是受到保护的且具有优先性的，还会在整个公司内部建立连接机制，确保这些共同基础受到支持，并对其进行一体化整合。

第二种是决定如何发展。在这种情况下使用核心能力时，公司要运用这样的推论来找到发展的机遇："除此之外我们还有别的方法探索核心能力吗？"就像迪士尼公司那样运用用户服务的核心能力，它建立了新的商业模式，为其他公司提供了顾问和培训服务。

第三种是决定什么不能做。在这种情况下使用核心能力时，公司需要在新机遇下运用这种决策原则：如果公司不能利用现有的能力来探索机遇，那就不要去追求当下的机会。很多公司就是用这一标准来决定是否要进行创新项目。

通常都是在第三种决策中，很多公司会发现，在试图用本书建议的方式（采用用户导向型的解决方案思路）来巩固能力本位思维时会遇到障碍。这些方式彼此之间可能会产生冲突，会带来不一样的决策结果。这是由内而外和由外而内的思维方式的冲突。如果我们把核心能力理论用在 Betafence 公司从栅栏制造商到全方位边界安全防护解决方案供应商的转型案例中，肯定就不会支持 Betafence 公司做出转型决策。毕竟，Betafence 公司的核心竞争力是钢丝帘线生产技术和卓越的生产能力，而不是安装服务和安全技术。但是如果用由外而内的思路来看，很显然，为了提供用户真正需要的东西，Betafence 公司必须要拓宽除了栅栏生产之外的业务。

产品导向理念会造成视野狭窄，亚马逊公司的创始人和 CEO 杰夫 · 贝索斯说："支持技术前推型方式的人们会说：'我们非常擅长某项技术。我们用这项技术还能做些什么？'这是一种非常实用、非常有利的商业方式。然而如果只利用这一种方式，公司将永远都无法研发出新的技术。最终，现有的技术会被淘汰。回头看看用户的需求，通常都需要我们培养新的能力和运用新的方式，不要害怕走出第一步有多么困难和不适应。"

这段话摘自贝索斯在 2009 年亚马逊公司的年度报告中给股东的一封信。这一席话回应了分析专家对于亚马逊是否应该研发新的消费设备的疑虑。

案例分析

亚马逊公司刚刚推出 Kindle 电子阅读器时，股东质疑这是否是明智之举，因为亚马逊当时还没有形成一个消费设备公司应该具有的任何能力。而且，在这个市场中，亚马逊还面临着强劲的竞争对手，比如苹果和索尼，它们在消费电子设备的销售上都有丰富的经验。以核心能力理论为基础，我们应该得出 Kindle 不适合亚马逊现有实力、亚马逊不应该发展这条产品线的结论。也就是说，能力本位思维是一种由内而外的视角。如果以用户导向的方案型思路来看，我们又会得出完全不一样的结论。

成为一个以用户为中心的解决方案提供者，需要公司对自己的商业模式进行全新的思考，需要获得新的能力以及寻找适合的合作伙伴来帮助自己填补能力的空缺。公司所面临的挑战我们将在后面的章节中详细讲述。

小结

- 通过把中焦镜头转化为新产品和服务，我们需要把重心从产品和流程创新转移到方案创新上来。
- 方案创新拓宽了市场的边界。它主要是以使用某种产品为起始点，由此出发为用户带来一些新的东西，解决他们最关心的问题。
- 公司不应该附加太多用户不需要的功能和服务到产品上。
- 采用由外而内的视角可以带来两种不同类型的价值理念：一体化方案和分解式方案。
- 通过提供一整套产品和服务，帮助用户得到他们想要的结果，一体化方案为公司创造了机会去扩展用户体验历程的范围。整体性和定制化是一体化方案的关键特点。

- 从以产品为中心转向以一体化方案为中心，需要在组织内部进行根本性的变革。
- 要注意过分重视产品造成的短视。
- 如果市场需要，公司就应放弃现有能力的价值。

开始行动

- 把你对用户需求的理解转化为对用户想要实现某种目的时所需要的方案的理解。面对每个用户群体都要这样做。
- 根据产品和服务定义方案所需的要素。
- 确定解决方案中必要的部分，不要把自己限制在那些由自己创造的元素中。
- 一个方案对应一个用户！根据不同的用户群体调整方案，方案中的要素不能被孤立开来。
- 保持你提供的方案所创造的用户价值与你的定价的一致性。具有一致性的定价方案对于用户和公司来说是一种双赢。

第六章 06

在价值链/生态系统中合作：填补空缺，缩小差距

“任何希望能够在创新领域真正充分发挥潜能的公司，都需要对各种类型的合作关系保持开放心态。”

——马克 · 帕克（Mark Parker），耐克公司 CEO

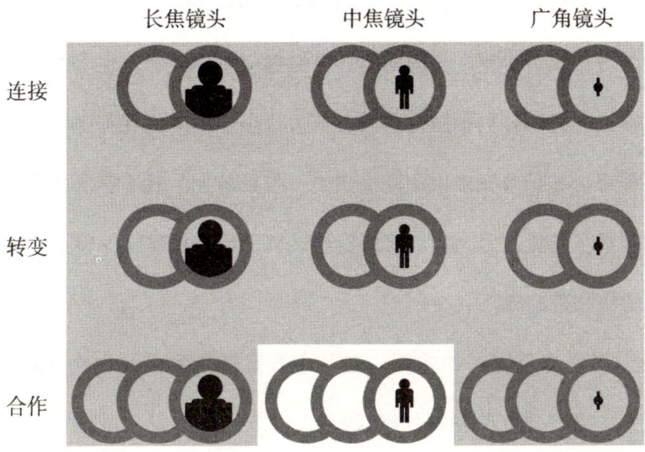

案例分析

几年前，荷兰皇家航空公司开始实施一项策略，观察用户的端到端旅程。荷兰皇家航空公司知道飞行不是旅客的唯一需求，他们需要的是在从家出发到目的地的过程中尽可能地保证无缝衔接和舒适。这就意味着，在飞行过程之外还有很多能够为用户创造价值的机会。

一切都从 iSeatz 开始，这是美国的一家创业公司，它为荷兰皇家航空公司和其他一些旅游公司提供所有附加服务。2012 年，一家荷兰创业公司 Your Airport Transfer（YAT）和荷兰皇家航空公司一起研发出了出租车的线上预订平台。YAT 在欧美国家和亚洲的一些大城市拥有出租车资源网络。荷兰皇家航空公司发现了为企业用户提升价值的机会。提供飞行和转机相结合的服务可以让企业用户的飞行变得更容易，因为他们的整个旅程可以被记录在由供应商提供的一张账单上。对于普通旅客来说，这项服务也为他们创造了价值，因为他们可以直接转机而不需要排队等待，不用担心航班延误或者的士司机收费过高。

为了给用户提供真正便利的方案，这两个方案提供者需要合作开展一项服务。这项合作的重点主要是把 YAT 的服务无缝接入荷兰皇家航空公司的业务。为了保护品牌声誉，荷兰皇家航空公司必须要确定所有旅客都享受到了水准之上的服务。这两家公司之间的商业协议描述了合作的细节和双方应尽的责任，以确保 YAT 能够真正履行承诺。

荷兰皇家航空公司和 YAT 之间的合作已经超越了“购买—供应”协定，前者获得了成为后者少数股东的机会。在这一结构性合作中，荷兰皇家航空公司旨在成为 YAT 的一个战略性合作伙伴，给 YAT 提供相应的分销渠道和供应链资源。荷兰皇家航空公司更像是一个战略指导的角色，它作为股东从 YAT 公司的发展中受益不浅。YAT 公司现在已经在欧洲 75 个地区有经营业务，荷兰皇家航空公司也正在非洲推广这一服务。

荷兰皇家航空公司的例子说明了成功的价值链合作有两个关键原则。首先，荷兰皇家航空公司与 YAT 的合作动机是给用户提供解决方案。其次，YAT 在荷兰皇家航空公司的用户方案中高效地填补了对荷兰皇家航空公司来说有完成难度的部分。

为了把握机会创造新的用户解决方案，你应该从对实施方案的商业模式中各方应尽责任的分析开始。为了获得用户解决方案中的各个要素，你需要大量的资产。这些资产是公司用来创造、开发和营销用户解决方案必备的基本构件、资源或者能力。或许你会得出结论：因为在组织内部没有这些资源或者能力，所以要推行方案导向型思路是不可能的，这不适合你的公司。我们在前面的章节中已经讨论过了短视思维的危险。所以另一个可能的答案是，如果你想要向前发展，你就需要填补资源和能力的空白。但是要怎么做呢？

你有三种选择：（1）开始依靠自己的力量构建原本没有的资源；（2）收购一家拥有这些资源的公司；（3）与拥有这些资源的公司或组织合作。换句话说，这就是一个自建、购买还是借用的问题。越来越多的公司都开始选择最后一个方案。从短期来看，这是可以最快实施的方案；从长期来看，它可以让公司专注于自己的优势，避免收购风险。得益于信息技术的发展，公司之间的协作成本大大降低了，创新合作已经成为大量行业中公司发展策略的核心元素。合作可以让公司创造出单凭一己之力无法创造出的价值。

对于合作，我们需要定义合作伙伴必须符合的条件。以荷兰皇家航空公司为例，它原本可以和任何一家出租车公司进行合作，但是如果只能在一个城市投放服务，与每个服务供应商单独签订合同，那么工作量就非常巨大了。这是荷兰皇家航空公司决定与一个能够在世界各地开展这项服务的供应商进行合作的最重要的利益考量。YAT 公司已经拥有成熟的网络，因此它成为了荷兰皇家航空公司的潜在合作方。

建立合作关系时，首先要分析你在制定用户解决方案时缺乏哪些能力。你需要的商业模式和现有的商业模式之间的差距指明了你缺失的部分。你不需要依靠自己去填补，你的合作伙伴会帮你完成这项任务。双方一起合作，你就可以为用户提供完整的解决方案。

案例分析

百乐嘉利宝在 2012 年实现了 140 万吨的销量和 48 亿瑞士法郎的销售总额，它是全球最大的可可和巧克力产品的供应商。百乐嘉利宝运行着超过 40 种生产设施，在 27 个国家总共拥有 7 000 多名员工。与许多竞争对手不同，从挑选豆子到运输成品，百乐嘉利宝在价值链中扮演了大部分角色。公司直接向农民购买可可豆，生产出巧克力球，然后销售给亿滋、雀巢、玛氏和好时等公司，当然也会在市场上售卖面向消费者的产品。

得益于新兴市场的发展和消费者对于糖类产品日益增加的需求，全世界的巧克力糖果的总销量每年增长 2%~3%。在欧洲，每年对可可豆的需求都会增加两万吨。但是可可的产量是不稳定的。每年，可可生产国的可可总产量都面临着很高的不确定性。可可发源于委内瑞拉、洪都拉斯和墨西哥等热带国家，现在只有赤道附近的狭长地带种植可可，比如非洲、亚洲和拉丁美洲等热带雨林的种植园里。科特迪瓦、加纳和印度尼西亚这三个地区贡献了全球可可 70% 的产品。对于非洲成千上万村庄里的小农场来说，种植可可是一项非常重要的收入来源。因为可可生产国的政治不稳定性，可可的购买者通常都不能确保自己的需求量可以得到满足。而且，在现有的种植园里，农民缺乏相关的技能和知识来提高可可豆的产量。大多数情况下，种植园的最大寿命在 25 ～ 30 年。随着老种植园的衰落，可可种植业的利润越来越低。

简单来说，用户越来越关心他们吃的东西的原产地，他们希望最终买到的是没有罪恶感的产品。因此用户对那些大品牌制造商给予了很高的道德期望。有很多新的鉴定标签被引入商场，以确保原材料的可持续性来源。这些标签包括有机、互惠贸易和雨林联盟等，它们都是由非政府组织创造出来的。每个可持续性标签在终端用户眼中都有不同的含义，大众对其中一些标签比另外一些更加熟悉。虽然许多新标签让消费者眼花缭乱，感到困惑，但是公司还是想要向用户证明，它们在原产地方面实行的是可持续性商业模式。所以，把标签贴在包装上仍然被认为是一种最直接的方式。

卡夫 / 吉百利、雀巢、玛氏和好时这四大巧克力糖果制造公司都在购买用经过认证的可可豆制造出来的可可产品。这些食品公司都有很强的品牌保护意识，表明公司的确在最广义的层面上努力实现可持续性发展，这一点变得越来越重要。然而，百乐嘉利宝在巧克力市场上的大多数原料供应商都缺乏与可可原产地的直接联系，因此它希望供应商能够设计出可持续的方案。

巧克力制造公司，包括百乐嘉利宝，都开始负责可可豆的拣选和鉴定过程。百乐嘉利宝的大多数竞争对手也都开始实行一些关于原产地的可持续生产可可和巧克力产品的措施。这些措施需要大额投资，运行成本也在不断增长。所以从本质上看，虽然百乐嘉利宝公司在可可和巧克力市场的运作中有所收益，但是原材料的鉴定和运行成本也相应增长了。而这些成本都是不能直接传递给用户的，所以公司面临着很大压力。

为了应对这些挑战，百乐嘉利宝在 2010 年为喀麦隆的可可种植农民推行了优质合作伙伴计划。这一计划主要关注优质的种植农场、优质的可可以及对可可种植农民和他们家人的生活的改善，并引进了改良的种植材料、专业的种植技术和可可加工方法。除此之外，这一计划还包括改善可可种植地的教育和医疗条件以及干净水源的使用状况等活动。出现在产品原料产地，与可可种植农民建立直接的联系，让百乐嘉利宝获得了持续的可可原料供应，并且摆脱了中间商造成的额外成本。总而言之，这个计划的目的就是把可可种植农民变成真正的优质合作伙伴。通过与可可种植农民密切合作，百乐嘉利宝公司对于原料供应的质量和数量都有了更好的控制，可可种植农民也得到了相应的回报。

2013 年，百乐嘉利宝公司开始实行面向科特迪瓦的农业合作社和针对种植农民、经理和管理人员的培训计划。培训课程包括农业生产规范、可可收获后的管理技术、作物多样化、堆制肥料等几个模块，还有基础的商业技能和社会议题，比如劳动时间、儿童保护措施和其他教育、健康类话题。“示范农场”用于展示如何使用能够遮阴的树木来保护小型农场里的可可植物。农场的部分区域种植了其他作物，包括车前草、芒果、菠萝、豆子、玉米和橡胶等，其目的是测试它们是否能与可可植物一起种植。

百乐嘉利宝公司做的远不只这些。它站在供应商的角度发起了优质合作伙伴项目，又站在用户的角度把这一项目和合伙制概念项目连接了起来。合伙制项目为糖果制造公司提供了参与百乐嘉利宝的可持续创新项目的机会，该项目聚焦于可可原产国家的农民群体。参与该项目的企业用户在未来可以获得有保障的可可豆和产品供应来源，还可以实现它们对终端用户做出的可持续性承诺。特定的可持续性项目需要与高级用户合作进行，因为有优质合作伙伴项目和高级用户的参与，百乐嘉利宝也推出了自己的可持续性标签："优质可可带来更美好生活。"

得益于这些项目的实施，百乐嘉利宝与全球最重要的日用消费品公司之一联合利华公司鉴定了新的、长期的全球合作伙伴协议。双方的合作关系建立于 2012 年 1 月，包括广泛的联合商业发展计划，比如创新、产品的持续性来源、能力扩展和价值提升等方面的密切合作。

将下游价值与上游合作相连接

我们在前面的章节中讨论过，成为以用户为中心的方案提供者并不是一种表面的转变，这需要对公司的运作模式进行根本变革，不论是转变为一体化方案提供者还是分解式方案提供者。我们需要思考这个问题：如何才能向前推动这一转变？百乐嘉利宝公司的案例对于还在为之努力的我们有所启发。在这个案例中，我们发现，为下游用户创造的价值是通过与价值链上游的合作来实现的。

推动百乐嘉利宝公司的一系列行为的关键市场趋势是消费者对于产品可持续性的需求。消费品公司遇到用户的这种需求时，就会向供应商寻求帮助，为用户提供他们需要的产品和服务。像联合利华这样的公司明白终端用户对于持续性的敏感（步骤 1：连接），它们愿意把这一点植入到产品中（步骤 2：转变），但是要实现这一点，它们还需要帮助（步骤 3：合作）。它们尤其需要的是来自供应商的帮助，以保障向用户提供产品的生产方式自始至终都具有持续性。对于像百乐嘉利宝这样的公司来说，这意味着它们为了做出这种保障会面临越来越大的压力。消费品公司寻求的方案是它们购买的可可豆来自有保障的、可控制的价值链，并且整个过程中的持续性都有保障。这就说明价值链中的创新比产品创新更有用，在谈及价值链的控制时，需要对巧克力生产流程提出更多要求。难题在于，只对持续性措施进行投资只会导致成本上升，并不会带来竞争性优势。

百乐嘉利宝公司在这一基础上更进了一步，它巧妙地利用了两种独有的资产。第一种资产就是公司在可可豆种植方面的研发能力。与竞争对手不同，百乐嘉利宝公司在巧克力产品价值链的最初期阶段（种植可可豆）就已经实现了专业化。通过利用专业技能，百乐嘉利宝公司可以帮助种植农民提升可可豆的产量和质量，同时也能确保持续性的供应。百乐嘉利宝与种植农民在专业基础上建立的合作伙伴关系成为了其他竞争对手的障碍。

第二种资产就是端对端的价值链通路。与竞争对手不同的是，百乐嘉利宝几乎完全是垂直一体化的公司。也就是说，它处在一个能够连接用户与种植农民的独特位置。这一点是竞争对手难以匹敌的。百乐嘉利宝公司与种植农民在价值链上游建立的合作增强了其价值链下游与消费品公司的合作。两者结合组成了合作伙伴的生态系统，共同为用户生成最终的解决方案。

从这一案例中我们发现，百乐嘉利宝公司了解用户真正需要的是什么：不是另一种口味或者原料的创新，而是持续性的供应链（步骤 1：连接）。它成立了 Cocoa Horizons 部门，构建专业的知识和技术系统（步骤 2：转变），并通过优质合作伙伴项目与种植农民建立合作关系（步骤 3：合作）。但是百乐嘉利宝最明智的举措还是通过在合作伙伴项目内部连接用户来确保强有力的用户合作关系。通过上述方式，百乐嘉利宝用价值链上游的合作创造了下游的价值。综合这一切，它创造了一种难以复制的生态系统。我们从这个案例可以学到，我们应该确保自己没有游离在生态系统之外。通过利用自己拥有的资产，我们可以确保在竞争中占有一席之地。

定义和确定你在生态系统中的资产

每个生态系统中都有一个领导者，它创造了生态系统的结构，为系统中的每一个人建立了公平的标准，设计了奖励体系。但是，成为领导者并不意味着成为最有权力的人。生态系统中的每个参与者都会问："我在其中扮演什么样的角色？"这不是领导或者跟随的问题，也无关乎你是否能成为生态系统中最有权力的人。这是你是否值得在这里占有一席之地的问题，哪怕一个很小的角色也是不可或缺的。如果你掌握了拼图中关键的那一片，成为生态系统的重要组成部分，你就可以获得巨大利益。在一个平衡的生态系统中，各方都会贡献一部分其他人需要但是没有的资产。与拥有补充性资产的人共同合作，就可以集合整套资源。你一定要坐在驾驶座上吗？或者一定要坐在后座上吗？对于位于非主导地位的参与者来说，由于他们缺乏控制权，这个问题就被强化了。我能得到属于自己的那一份回报吗？我什么时候会被排挤出去？其他人对于这个生态系统的忠诚度有多高？

与他人合作时，我们总会面对不可避免的不确定性。这取决于公司为这个生态系统贡献了多少。你是否贡献过用户解决方案所需要的某种资产？你是否为其他参与者提供过补充性资产？你是否贡献过你独有的资产？你贡献出来的资产是否容易被复制和取代？这些问题的答案决定了你在生态系统中的地位是牢固还是动摇的。不一定只有驾驶座的位置才能让你收获回报，但是你的确要在生态系统中掌握自己的命运，而这是以其他人对于你带来的资产的看法为基础的。一般来说，这就需要你展示自己拥有的资产，并选择合适的资产提供给生态系统。确定资产要素的方法如图 6–1 所示。

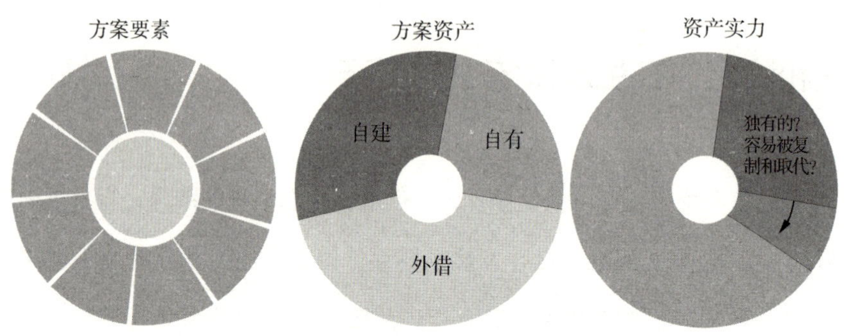

图 6-1　确定解决方案中的资产要素

技术性资产

亨利 · 切萨布鲁夫提出了“开放式创新”的概念，并以此名写了一本书。他强调企业通过开放式创新活动可以获得大量利益。企业不应该对研发部门投资，它们应该学会如何更好地利用其他公司开发出来的技术。同样的，企业也可以通过共享技术性资产与他人合作，把技术结合到新的用户解决方案中，从它们的技术性资产中获得更大的潜能。

案例分析

我们在本书前面部分提到过，荷兰皇家航空公司研发出了一项技术性方案，可以让旅客的登机过程变得更便利。提升机场办理手续的速度及减少障碍是各国航空公司都关注的重点。荷兰皇家航空公司提出了一种使用智能行李标签（卡片）的方案。只要装备了交互显示屏，这张卡片就会向乘客显示他们航班的相关信息。在为下一次航班办理登机手续时，信息已经被记录在卡片上了，因此用户所有的信息都被存储在同一个地方。用户也可以凭相同的卡片进入荷兰皇家航空公司的候机休息室。这张智能卡片与你的行李是绑定的，所以系统会确保你的行李与你一起起飞和落地。

为了实现这个技术创意，荷兰皇家航空公司与一家科技创业公司 Fast Track 合作。这个项目得到了 Mainport 创新基金的支持，这是一支为航空行业的创新合作以及创业公司的创新技术提供资助的基金。Fast Track 公司与荷兰皇家航空公司的自助服务策略非常合拍。通过把一组活跃的数据矩阵整合到一张智能卡片里，Fast Track 公司让用户可以在一个安全的、可控制的环境中查看机票、登机牌、行李标签、常旅客资料卡和其他所有相关信息。有了这个永久性标签，你就不必在每次旅行时都给自己的行李贴上标签。智能标签是二维码形式，也可以用射频识别，所以它的使用方式很灵活。对于荷兰皇家航空公司来说，这项新方案最大的好处就是节省了用户的时间——减少了旅客花在给行李贴标签上的 30% 的时间，而且机下的自助式服务也节约了成本。通过使用 Fast Track 公司的智能卡片和标签，用户可以更快地通过机场，不再需要花时间给行李贴标签。重要的是，这项技术与传统的二维码扫描技术是兼容的。这样一来，荷兰皇家航空公司就可以从提高的运行效率中受益。

荷兰皇家航空公司对 Fast Track 公司研发出的技术实现了完美的应用，它本身是无法靠自己研发出这项独有技术的（而且太耗费资源）。为什么不去利用别人已经研发出来的技术呢？但是就如同这个案例讲述的那样，荷兰皇家航空公司的行为比单纯利用外来技术更进了一步。为了实现效果，Fast Track 公司与荷兰皇家航空公司需要进行合作，确保这项技术能够整合到一种用户解决方案中。为了巩固合作关系，荷兰皇家航空公司成为了 Fast Track 公司的投资人，这又进一步确保了双方目标的一致性。荷兰皇家航空公司不只收购了 Fast Track 公司的技术，还对创新过程进行了融合。对于 Fast Track 公司来说，这也是一个技术性资产在公司的价值链中发挥作用的完美例证。

公司可以提供给生态系统的资产不仅只有技术。百乐嘉利宝公司和荷兰皇家航空公司与 YAT 的例子都证明了一点：可利用的资产种类比我们想象的更广泛。百乐嘉利宝公司的确利用了它的卓越的研发水平，但是在前文所述的案例中，它更多的是通过为农民种植群体创建教育项目与他们建立合作关系，让农民通过公司的研发部门受益，而不是直接利用研发部门的技术。百乐嘉利宝通过为巧克力制造公司提供参与项目的机会，充分利用了它与种植农民的联系。在荷兰皇家航空公司与 YAT 的合作中，前者追求的不是 YAT 的技术，而是 YAT 可以提供的资源网络。

除了技术性资产，市场性资产也可以提供强有力的支持。市场性资产可以分为三种不同类型：体验性、准入性和数据性。

体验性资产

从公司的角度看，用户体验由公司服务某类用户所需要的资源组成：对用户需求和购买过程的理解、产品研发能力、销售通路和分销渠道、品牌和公司的商誉以及沟通渠道等。

有一个大型制药公司和小型生物科技公司合作的典型案例，就是 Thrombogenics 公司和诺华制药公司的子公司爱尔康公司在分销治疗干眼症的药物 Jetrea 中的合作。生物科技公司与价值链下游的制药公司合作研发出了候选药物，制药公司有补充性的营销能力，可以帮助新药进入市场。在这一合作中，小型生物科技公司贡献了自己的研究性资产，大型制药公司贡献了市场准入资产。两者结合就成功地研发并推广了新型药物，虽然两方都缺少某一种关键资产。

案例分析

体验性资产可以通过不同的方式被公司利用，不是只有创造市场准入途径这一种方法。以卡戈拉司公司为例，它是欧洲最领先的汽车玻璃维修服务公司之一。卡戈拉司比利时公司是一家分公司，它发现用户服务在留存现有用户和赢得新业务的过程中都是最重要的因素，因此它非常看重正面口头宣传的作用。虽然个体用户不需要每年都更换一次挡风玻璃，但是他们肯定知道有谁需要更换。如果卡戈拉司能够让这些用户向他们的朋友和同事推荐它的服务，就会获得超越竞争者的优势。

某个第三方组织在线上进行过针对到访过卡戈拉司服务门店的用户的问卷调查。其结果被用于计算每位用户的净推荐值系数，从 -100 到 +100。卡戈拉司的用户方案团队给每一个给出低分评价的用户打电话，了解他们为什么给出这样的分数，以及公司可以从中吸取什么教训。每个服务站点的员工都能得到结果反馈，他们每周都会收到自己的记分卡。整个体系就是一种强大的信息来源，它可以让公司对服务做出持续改进，并植入一种以用户为中心的文化。

但是卡戈拉司发现了一种可以提高净推荐值的方法。有很大一部分用户来到卡戈拉司都是因为接受了他们保险经纪人的推荐。如果没有这个渠道，卡戈拉司将会损失一种重要的用户来源。为了能和保险经纪人进行合作，卡戈拉司的销售人员经常会拜访他们，宣传公司的各种特殊服务。销售人员的任务很艰巨，因为他们的确没有什么切实的东西可以回报给保险经纪人。后来卡戈拉司发现了一种独有资产，即用户的净推荐值报告，而且这种资产也符合保险经纪人的利益。净推荐值报告以前只在公司内部使用，现在卡戈拉司开始对外使用。它实施了一个计划，向保险经纪人讲授关于用户净推荐值体系的知识，并让其了解净推荐值的价值。卡戈拉司还向保险经纪人讲解净推荐值的分数，并通过这种方式让保险经纪人认识到，如果他们推荐用户来卡戈拉司，用户也会对他们的服务感到满意。卡戈拉司甚至还给了保险经纪人查看用户个人报告的权限。它利用了自己独有的资产，为保险经纪人创造了个人化价值。因此，保险经纪人就会更愿意向用户推荐卡戈拉司公司了。

准入性资产

准入性资产是以公司可以优先接触到某种关键资源或者用户群体的能力为基础的。

案例分析

本书前面章节介绍过通用汽车公司的全资子公司安吉星，它为超过 600 万的用户提供汽车安全、导航、远程诊断和紧急服务。安吉星开创的分销策略在一开始就遭受了重大阻碍。项目实施之初，安吉星团队就被要求只对一种车型（即 1997 年的凯迪拉克帝威）进行标准化安装。因为还有其他附加的娱乐设施，比如 DVD 播放器、后扰流板，这就意味着凯迪拉克的经销商需要负责安装、销售并向用户讲解如何使用安吉星系统。不幸的是，安吉星团队付出的成本对大多数经销商来说都没有吸引力。安吉星系统不能轻易安装到新车里：它必须要和车里的许多电子元件进行连接，从安全气囊到诊断传感器，从车锁到前灯，样样都不能少。而且，安吉星系统还不能像其他配件一样可以独立销售。

1999 年初，通用汽车公司的领导层做出了两个艰难的决定。第一个决定就是把安吉星系统作为通用新车型的出厂安装系统，而不仅是安装在凯迪拉克上。出厂安装的措施让通用汽车利用了它在通信服务业务上的重要优势之一：通用汽车对于本公司生产的汽车的系统安装具有独有权限。第二个决定就是向另一家汽车制造商开放安吉星系统，其目的是让安吉星系统真正成为汽车服务业务中的新兴标准配置。如今，安吉星系统可以安装到雷克萨斯（丰田汽车的高端品牌）、奥迪、讴歌、五十铃和斯巴鲁等品牌的汽车中，每年都会有更多的汽车制造商上线。总而言之，通用汽车的这些举措为安吉星带来了爆炸式发展。

通用汽车成功的关键因素就是它从全新视角对用户驾驶需求的分析能力，以及它通过利用本公司的独有资产（其他制造商不能比拟的汽车产量）所设计出的服务用户需求的商业模式。安吉星依靠和利用通用汽车的品牌、出厂安装的基础和提供给其他制造商准入的平台，实现了飞跃发展。

当公司拥有对用户具有价值的关键资源并锁定用户之后，准入性资产就可以发挥更大的作用。此外，数据也可以成为一种资源。

数据性资产

通过利用数据性资产，公司可以对独有的数据进行自由支配。这些数据通常是来源于业务操作的自然产物。但是如果使用得当，这些资产可以被用来为用户创造价值，并且很难被其他人复制。

案例分析

我们以奥的斯电梯公司在康涅狄格州的分公司为例来说明。奥的斯电梯公司是全世界最大的电梯、自动扶梯和电动步道的制造和运营商。该公司成立于 1853 年，现在它为全球 200 多个国家和地区提供服务，2011 年实现了 124 亿美元的总收入。

奥的斯公司在电梯行业的核心收入主要来源于安装设备的服务。这些年来，得益于技术的发展，电梯和自动扶梯在提供基本服务方面已经相当成熟了。为了在日益同质化的市场中保持领先地位，奥的斯公司不得不开始寻找新的发展机遇。它决定专注于度量指标，比如把产品故障时间降到最低，并且实现自动扶梯维护程序的自动化等目标。作为这项举措的一部分，奥的斯公司开发出了复杂的远程监测系统。它的监测软件可以对 325 个不同地点的电梯零部件进行检查，搜寻异常部分，找到退化零件，这样就可以提前进行更换。对于它来说，这有什么好处呢？在任何时候，奥的斯公司的这一监测系统都在收集和整理来自上千台电梯的数据，发现潜在问题。如果相似的故障在大量的电梯中被监测到，那么奥的斯公司就可以向所有可能出现问题的电梯发出维修指令，分派技工去更换出问题的零件。用户不需要额外花时间预定常规的维护检查服务，而且无法预料的电梯故障情况也会大幅减少。

有趣的是，公司在进行预测时掌握的历史数据越多，预测的精准度就会越高，预测结果的价值自然也就越高。我们在本书中讲述过澳瑞凯公司的案例，它运用数学模型对爆破所需要的爆炸物数量进行精确的计算。澳瑞凯和奥的斯都进行了数据收集，其目的就是预测未来会发生的情况。澳瑞凯收集的是爆破的规模和特征数据，奥的斯收集的是电梯故障数据。从这些数据中产生的理念可以在公司内部使用，也可以直接转化为用户利益，比如信任和保障，或者成本节约。

案例分析

小松公司也运用了相似的方式。它是一家全球工业设备制造商，总部位于东京。小松集团的业务之一就是为采矿行业的用户（比如 Los Pelambres 铜矿）销售采矿设备和提供服务。Los Pelambres 铜矿是全球第六大铜矿，每年产出超过 40 万吨铜。小松公司与这个用户签订了全权维护合约，负责为它提供所有的自动倾卸卡车。自动倾卸卡车在采矿作业中至关重要，如果出现运作故障就会导致作业停止，因此保证自动倾卸卡车的正常使用也是至关重要的。

采矿设备都拥有多种传感器，用于发出信息和警报。小松公司认为可以更有效地利用信息，进行一些预先维护措施，从而提高机器设备的使用性能。它成立了 Vital Signs 项目，Vital Signs（关键体征）原本是一个医学术语，是指脉搏、血压和其他诊断人类健康状况的体征。来自机器的数据和信息就相当于人体的关键体征，可以带来一种观察机器状态的全面视角，也有助于公司形成必要的对策。通过利用数据库，小松公司可以为用户提供更加及时和准确的产品支持，因此进一步提升了机器的使用性能。

在过去，维修人员会收到警报提醒，然后他们到矿区现场勘查问题，询问机械师、工人和各个在场的规划者，进一步了解信息。现在，Vital Signs 数据库可以帮助他们找到最关键的特征数据，并生成定制化报告，推荐简单、可靠的问题解决方案，而且他们可以做到更多。更具体地说，通过进一步利用待办事项列表和预先维护报告，小松公司在预防性维修工作上有了很大的进步，并且通过分析新的失败模式及消除或缓解其影响而形成了主动维修的能力。

在这个案例中，整个项目都是在与用户和矿井现场的工人的密切合作中展开的。其主要目的就是要打破常规，跳出员工们长期以来习以为常的工作方式。为了鼓励参与，这个项目对各个层级的员工都是透明的。

小松公司的案例说明，我们可以在预防性维修上有所超越。通过主动运用数据，对养护和维修安排进行调整和优化，预防产品出现故障，小松公司为用户创造了极大的价值。更重要的是，通过利用预测模型中的数据，小松公司创造出了会随着时间不断积累的资产，这一点是其他竞争者难以复制和模仿的。

在如今这个所谓的“大数据”时代，许多公司都意识到，它们掌握的信息可以转化为价值。通常来说，这些信息本身就已经存在，但是没有人发现其中的价值。它们就像藏在阁楼的宝藏。然而，如果没有被转化为能够为用户创造价值的认知，信息本身是没有价值的。就像小松公司和奥的斯公司，它们是通过研究出预测模型来创造竞争优势和用户价值的，而不是只依靠对可用信息的总结。为了挖掘我们所拥有的信息的潜力，通常都需要结合从公司不同部门的不同渠道获得的信息。

你可以混搭出怎样的资产

结合不同类型的资产，可以创造出其他竞争者难以模仿的混合产物。举个例子，如果你了解关于用户的特定信息，并从用户利益出发来使用这些信息，就可以产生自动的用户锁定效应。这是用户和公司之间产生的信任所带来的结果，就像奥的斯电梯公司和澳瑞凯公司一样，但是这需要以对信息的长期收集为基础。

案例分析

我们以线上电影租售公司 Netflix 的创新推荐系统 Cinematch 为例。Cinematch 是 Netflix 公司研发出的用于协同过滤用户信息的系统，在每位用户看完影片之后 Cinematch 会要求他对影片进行评分（五分制）。在这个简单的评分机制的基础之上，Cinematch 的学习算法就会检测出用户的个人信息，与其他寻找类似电影的用户的信息进行匹配。这个推荐系统有着复杂的算法程序，但是总而言之，它是建立在纯粹数学公式之上的，理论上来说是可以进行反向设计的。

Netflix 公司目前为美国、加拿大和英国超过 2 300 万用户提供服务。是什么让 Netflix 成为口碑极佳、规模极大、发展极快的在线电影和流媒体公司？很显然，Netflix 的巨大优势就在于它整合信息的能力，它是在电影行业使用协同过滤系统的先驱企业。通过持续多年收集超过 20 亿部电影的评分，Netflix 的 Cinematch 系统可以给出其他竞争者难以匹敌的高度精准的推荐。每增加一部电影的评分，Cinematch 系统就会变得更加智能一点，电影推荐的精准度也会增加一点，这样就带来了累积的竞争优势。如今 Cinematch 的推荐影片占据了用户观影列表的 60%。

Netflix 公司的用户相当认可该公司的服务和推荐，一直以来的低用户变动率和高达 94% 的净推荐值就可以证明这一点。而且，用户使用 Cinematch 系统的时间越长，他们从与 Netflix 公司的关系中可能获得的价值就越大。他们每次被要求对电影评分时，系统就会知道他们的喜好，从而提供更加准确的推荐。这自然而然就产生了自动锁定效应——谁会为了节省订阅这项服务所花费的一美元，而放弃自己对 200 多部电影的评分呢？

但是 Netflix 公司的竞争优势并不只是推荐系统这一项，它还有海量的电影资源可以提供给用户。根据分析专家对 Netflix 公司的影片目录的评估，它包括的影片超过了六万部，差不多是亚马逊网站的两倍。其他竞争者很难提供如此丰富的资源。所以，Netflix 公司的资源规模和推荐算法技术一样都是重要的资产，但是两者的结合产物比它们分别产生的价值要大得多。设想一下：如果没有任何推荐系统帮你找到符合喜好的电影，你只能靠自己去浏览上万部影片，那会怎么样呢？这会让你不知所措，最终只会选择最显眼的那一个，Netflix 拥有众多电影资源的价值就会被严重削弱。如果其他人推荐给你一小部分电影，这样固然很好，但是你可能只能在这一小部分限定的选择里寻找自己喜欢的电影。重点在于，海量电影资源和推荐系统作为两个独立个体时它们的价值并没有那么大，但是这两者的结合会产生巨大价值。丰富资源库和推荐算法技术的结合也是其他竞争者难以超越的优势。将越多的补充性资产结合在一起，我们就能够发掘出越大的竞争优势。

补充性资产可以增加彼此的价值，两项资产结合在一起时会产生超越单项资产的价值。你的竞争者可以对单项资产的价值进行复制，但是很难对所有要素的价值进行复制。这样一来，模仿的难度就会变高，因为竞争者需要复制你的整个体系，而不只是单独的某个要素。

重建价值链 / 生态系统

作为在价值链 / 生态系统中构建合作关系的一部分，通常我们都需要对价值链 / 生态系统本身以及我们的合作伙伴进行重新思考。通过去中介化，公司可以在价值链 / 生态系统中实现跳跃式前进，不需要合作中的中间方。如果利用中介理念，就是相反的情况：公司可以在价值链 / 生态系统中创造出一个新的中间方。这两种情况都可以促进价值链 / 生态系统中新的用户问题解决方案的产生，都是设计新方案的必要方法。

去中介化

在你和你的终端用户之间，有很多中间方。经销商、销售人员、零售商、批发商都比你的公司在价值链中更接近用户。这是在为市场带来新的用户问题解决方案时要面临的主要障碍。对很多公司来说，为用户提供解决方案就需要向价值链的下游移动。

在前面的章节中，我们介绍了一体化方案和分解式方案的概念。这两种类型的方案都可以去中介化，但是过程和原理是不一样的。一体化方案通常会包括产品和服务，这就需要公司和用户之间的高度合作。因此，在价值链中向下游移动和控制通向用户的渠道是至关重要的。为了将方案提供给用户，公司必须直接掌控与用户之间的关系，这就意味着要摆脱中间方。中间方可能会感觉自己被忽视，在短期内公司会受到来自中间方的抵抗，从长期来看这也是一个不可避免的障碍。阻隔中间方是一体化方案策略的附带损害，就像Betafence公司，对其而言，转型为方案供应商就意味着要违背与安装公司的独家合作。尽管刚开始很难向中间方解释，但是从长远来看，这是一个双赢的选择：一体化方案可以帮助公司获得更加复杂、更大规模的项目。比起由安装公司主导，Betafence公司引领的安装团队有更大的整体潜力。

一体化方案的复杂性让方案提供者有了更多机会，可以到价值链中更下游的位置，通过对产品和服务组合的利用为用户创造价值。因为用户更倾向于减少自己参与的合作中合作方的数量，所以方案提供者应该让自己成为用户的优先选择，尽量提供一站式服务。因此，你需要得到用户的授权，在合作中扮演更重要的角色。你要成为一个方案提供者，而不只是一家专注于产品的公司。当公司成为方案提供者，成为用户工作领域的专家，就能更好地把握住在价值链下游为用户创造价值的机会。

分解式方案策略通常都会导致去中介化。需要分解式方案的用户期望得到剥离附加价值的、价格更低、更加便利的产品和服务。对于专家型用户而言，剥离式的产品和服务通常都不需要中间方提供顾问式的销售方式，产品和服务可以直接被提供给用户。低端用户和预算受限的用户的优先需求就是降低成本。通过去除中间方附加的额外价值，把他们的这部分利润转移给用户，就可以产生价格更低的产品和服务。更加便利的产品和服务需要简单、方便、直接的渠道。在前面的章节中，我们讨论了道康宁公司的Xiameter的案例。通过Xiameter模式，道康宁公司为用户提供了直接的电商渠道，避开了内部和外部的中间方。

中介化

和去中介化一样，中介化也可以促成新的用户问题解决方案的产生。Bongo盒子就是一个说明这一理念的绝佳案例。

案例分析

Bongo 盒子的目的是让用户给彼此一个体验的机会。不像实体产品，用户体验很难被包装成一件礼物。在开始用 Bongo 体验盒子作为酒店预订网站 Weekendesk 的附加产品时，布鲁诺 • 斯帕斯（Bruno Spaas）和马克 • 威尔哈根（Mark Verhagen）就解决了这个问题。Bongo 盒子是一个风格时尚的纸盒，里面是一本介绍各种旅游、娱乐、酒店等体验的手册。收到这个盒子的人可以浏览手册中的各种推荐，找到自己喜欢的选择。每个盒子都会专注于某一种特定的体验。举个例子，“直升飞机”盒子被列在探险目录里，它提供了不同地方各种不同的直升机体验。收到 Bongo 盒子作为礼物的人选择自己最喜欢的体验，然后通过 Bongo 预订网站或者直接联系这种体验的提供方来预订行程。

Bongo 盒子是在 2003 年推出的，一经面市就大获成功。它解决了一个我们所有人在圣诞节或者其他节日都会面临的永恒问题：我究竟应该给我的侄子 / 侄女 / 阿姨 / 叔叔 / 同事准备什么礼物呢？Bongo 盒子让礼物接受者拥有更多、更灵活的选择，而送礼物的人不需要给出一个特定选择。另外，主题盒子比不知名的礼物券更具有个性化特点。很显然，Bongo 盒子的价值已经打动了消费者。

但是从本质上来说，Bongo 盒子并没有创造出新产品。通过 Bongo 盒子提供的所有服务都是原本就有的，都可以直接从供应方那里获取。Bongo 盒子只是把自己当作中间方，重新包装现有的产品和服务。通过在服务供应商和搜寻礼物的人之间扮演中介的角色，Bongo 盒子为双方都创造了价值。对于服务供应商来说，Bongo 盒子是一种可以销售附加服务、让新用户认识产品和获取新用户的渠道；对于消费者来说，他们得到的价值就是可以方便地搜寻礼物。因此，Bongo 体验盒子就是创建了这样一个平台，通过对各种不同的服务供应商进行分类和再结合，将其重新包装后提供给用户，为用户创造新的价值。

Bongo 盒子是平台商业模式的典型。平台领导者与提供补充性产品和服务的公司进行合作，共同创造出一种生态系统。越多的用户使用这个平台，生态系统就能够为双方各自的产品和服务增加越多的价值。随着越来越多的消费者购买 Bongo 盒子，它已经成为服务供应商重新销售服务的一种更具有价值的渠道。平台商业模式在公司与用户之间创造了中间媒介，比如谷歌搜索引擎就是广告商和互联网用户之间的中介。

平台商业模式的一种常见类型就是平台商不仅连接供应商和用户，同时也会提供自己的核心产品，将其与供应商的产品和服务相结合。供应商通过平台提供补充性产品和服务，平台商核心产品的价值由此得到提升。就像 iPhone，它就是一个让手机应用供应商接触用户的平台。这种类型的平台也具有网络效应：越多的用户使用平台，通过平台提供的补充性产品和服务的价值就越大。越来越多的智能手机用户都在使用安卓平台，因此，对于手机应用供应商来说，提供安卓手机兼容的应用也变得越来越重要。

在平台商业模式中通常还有第二种网络效应，这种效应主要是在用户之间：当越来越多的人使用平台时，平台对用户而言就会越来越具有价值。举个例子，使用 Facebook 的人越多，注册用户得到的价值就会越大，因为社交媒体的本质就是与他人分享，只针对单一用户是没有意义的。

小结

• 在由外而内的价值理念之下，我们需要完全站在用户的角度看待他们的需求。一家公司提供的产品和服务肯定都是有限的，基本上不可能完全依靠自己提供符合市场需求的用户问题解决方案。比起试图靠自己填补空缺，公司更应该通过与外界合作来弥补现实与理想的差距。

• 值得注意的是，你的目的是为用户提供解决方案，而不是利用已有资产。

• 方案的构成元素就是方案中需要的资产：为用户创造和提供必需的资源和能力。你可能已经拥有了某些资产，还有一些需要自建或者借用。

• 要在竞争中占有一席之地，任何采用方案导向型商业模式的公司都需要贡献出有价值的资产。

• 公司从方案中获取价值的能力取决于公司所拥有资产的影响力。强大的、结合了独特性和补充性的资产组合可以创造出其他竞争者难以模仿的体系。

• 为用户提供解决方案需要公司对价值链 / 生态系统进行重新思考。

开始行动

• 对于方案中每个元素都要有清楚的了解。

• 对于方案中所需要的资产进行深刻分析。

• 对于方案中的资产进行分类。资产是自有、自建还是外借来的？你可以通过下面这几个问题来划分资产类型。

——现在我们拥有解决方案所需的哪些资产？

——哪些资产对于我们已有的资产可以起到补充作用？如果可行的话，就自建资产。如果自建资产不可行，或者速度太慢，那么你就需要与这类资产的所有者合作，借用他们的资产，进行适当的资产组合。

——哪些资产对于我们已有的资产没有额外的补充作用？你需要将无用的资产从解决方案中去掉。

第七章 07

利用广角镜头连接用户：避免短视陷阱

"最大的威胁是你没有看见的东西。"

——佚名

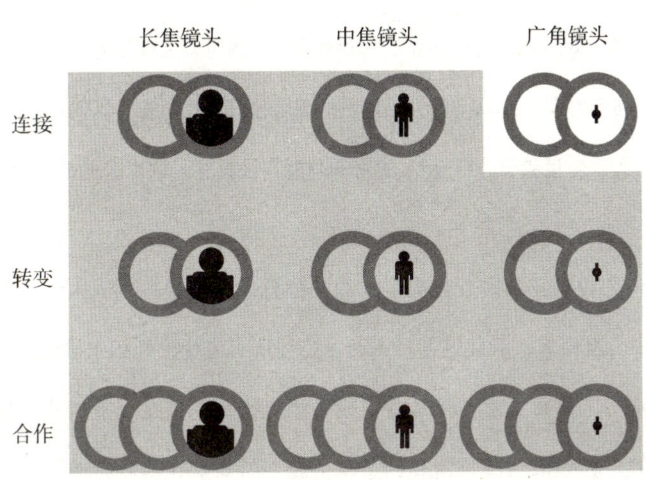

案例分析

你试过在每年的米兰国际家具展期间预订米兰的酒店吗？除非你愿意付平时三倍的价钱，而且还得提前六个月预订。因为供不应求，在家具展的那一周，米兰的酒店无法接纳数量庞大的旅客入住，房间价格也大幅上涨。但是如果利用住宅和公寓里的空房作为暂时性的补充来提高酒店的容纳力，那会怎么样呢？

内森 · 布莱卡斯亚克（Nathan Blecharczyk）、布莱恩 · 切斯基（Brian Chesky）和乔 · 杰比亚（Joe Gebbia）坐在他们公寓里的床垫上开工业设计会议时，想到了用民宿来赚钱的点子。2008 年，他们创立了 Airbnb 网站，为可以提供住宿的人和寻找地方住宿的人搭建起了连接的平台。2013 年，该网站的旅客预订入住量在 1 200 万到 1 500 万。仅仅在新年夜当天，全世界有 14.1 万人使用 Airbnb 入住民宿。这家公司的市值已经达到了 25 亿美元。

Airbnb 只是共享经济这个宏观现象的一部分。在世界各地，人们都会出租自己的房屋、汽车、自行车、时间等各种东西。房屋所有者提供他们未被使用的房子，消费者可以租房，不需要买房。Airbnb 挑战了酒店行业的传统商业模式。随着共享经济的持续发展，它代表着一种潜在的变革力量。Airbnb 在旅游行业的影响力会达到

YouTube 在电视行业和博客在主流社交媒体领域同样的程度吗？这很难说。但是，时刻留意这一现象的发展趋势肯定比无视现实要好。

在商业历史中，有许多公司没有预见到直冲它们而来的毁灭性趋势，没能早一点有效应对，到最后它们只能遭受巨大的损失，后悔为时已晚。然而，有一点我们都很清楚：变化是永续不断的。全球财富 500 强公司的平均生存周期只有 40 年。1995 年被评选为全球 500 强的公司现在剩下不到一半，而且它们近些年的年收入也持续下降。

如果你用显微镜去观察蚂蚁窝，你会发现很多关于蚂蚁的活动和组织的信息。如果你把镜头拉得非常近，你还会发现，在蚂蚁看似随意的活动方式中其实有清晰的模式可循。但是这样你就没法看到蚂蚁窝上方有一只大象正准备一脚踩下去。你越近地观察某种事物，就越有可能失去宏观视角下的图景。

为了往前看，我们需要使用更加广泛的镜头。我们在序言中讨论到的特写镜头可以把视角向对象拉近，与我们现有的用户群体实现更强的联系。如果只使用这一种镜头，我们就无法看到周围的其他东西。因此，我们需要一个视角更广的镜头。使用广角镜头无法帮助我们看清眼前事物的很多细节，但是我们有了更加广阔的周边视野。

在商业环境中，“周边视觉”就是公司对远距离信号的观测、理解和行动能力。大多数经理都不承认自己的公司缺乏这种能力。大多数商业分析都存在这种缺陷，总是倾向于关注眼前的商业形势。对即时环境的狭窄聚焦是有必要的，但是这无法帮助我们应对持续多变的环境。通过利用广角镜头打开周边视觉，我们可以看到为常规用户提供的产品和服务之外的东西。广角镜头可以帮助我们发现以下这些可能出现的信号：

- 变化的用户需求；
- 新出现的用户群体；
- 可能会影响公司未来的环境变化；
- 可能在未来与公司直接或间接竞争的新对手。

要发现这些信号，我们不需要能够预测未来的水晶球。很多时候未来已经显现出来了，只不过它的分布是不均衡的。所以我们不需要创造未来，只需要找到当下反映未来的信号。所有的新事物都是以微小的信号开始出现，随着时间而发展壮大。突如其来的海啸通常就是这样，在它形成一定规模之前，雷达是监测不到信号的。在变化的信号还没有大到无法忽视之前，如果能捕捉到它们，我们就能做出更加充分的应对准备。过去几十年里的重大创新都是这样产生的。虽然我们现在无法想象没有冰箱、手机、电脑和洗碗机等产品的世界是什么样的，但是这些产品的成功都不是突然的，它们都经历了很长时间才发展到如今的程度。研究表明，从新产品面市到取得成功通常都需要六到九年的时间，也就是说，从销量开始增长到销量达到顶点之间有很长的距离。新产品的销量通常都是呈 S 曲线增长的，经过一段时间就会到达一个拐点。当平均市场渗透率达到 1.7% 时，新产品才算是成功占领市场。这就意味着，如果你只看产品商业化两三年之后的结果，20 世纪最伟大的创新产品在当时都很难算是成功的。

案例分析

我们以 Nespresso 为例来进行说明，它是雀巢公司旗下的一个成功品牌。如果你问人们 Nespresso 品牌是什么时候创立的，许多人都会告诉你大概是十年前。但基本上没有人告诉你，Nespresso 在 1986 年就创立了。它并不是一经面市就立即大获成功，而是花了 25 年的时间才发展成如今具有 30 亿欧元价值的品牌。如果我们在

Nespresso 品牌创立两年之后对其进行估值（对大多数公司来说，两年是考察一个新品牌、新公司的经营成果的中期标准），可能不会非常看好它的未来。几乎没有什么事实证据能让人们对雀巢公司的这个新品牌产生信心，没有人会相信它能发展到今天的程度。刚开始 Nespresso 的销售额和利润都远低于预测水平，一直到 1995 年（也就是其成立 9 年之后）才实现了收支平衡。

早年间，在雀巢公司内部也有 Nespresso 的坚定批评者，其管理层怀疑继续对这个新生品牌投资是否还有意义。他们在想：对公司在超市售卖的咖啡产品采用这种自我吞噬的方式是否有必要？他们认为，即使 Nespresso 更加贴近雀巢公司传统的商业模式，可能也无法取得更大的成功。Nespresso 在雀巢内部获得信任的过程中面临着重重困难。多亏了雀巢公司的 CEO 彼得 • 布莱贝克（Peter Brabeck），他力排众议，坚持保护 Nespresso 品牌，Nespresso 才得以生存下去。在你了解了背后的故事之后，现在请想象一下：雀巢的竞争对手是如何看待这个新的挑战者的？如果不是雀巢的管理层为它做担保，外界会相信 Nespresso 能成为一个强有力的竞争对手吗？

新商业模式的出现都面临着同样的情况。在事后来看，预测未来并不难。但是 Nespresso 的案例证明，在变化的信号还相当微小时就发现它们才是关键。一旦市场中的某些变化形成了相当大的规模，你就能很容易地发现它们。但其实这些变化很早之前就已经出现了，只不过只显露出了一点迹象。我们需要发现这些细微的迹象，这样才能早做准备。也就是说，如果你想要了解未来，就应该先看当下发生的事情，就必须要发现那些微弱的信号。你需要发现那些将来可能形成大规模变化的小范围现象。

为了做到这一点，我们需要视角更广的镜头，它可以让我们看到现有用户、竞争者和市场之外的更大的视线范围。你可能会觉得你已经为分析用户、了解环境和发现新趋势投入了很多，但是要注意的是，你关注的信息不能有太大的盲点。重大的颠覆性变革通常都产生于行业边缘。因此，变化的早期信号很少会出现在标准的行业报告和数据来源中，而很多公司都是依靠这些渠道来获取市场信息的。这就导致了选择性感知的问题——把头埋进沙子里，以为在自己的视野里不存在任何危险。

举个例子，如果你想要知道有兴趣购买有机食品的消费者的数量，你可能会去查看超市里有机食品目前的销售量。这样你最终只会观察到一个小范围的边缘现象，你会发现在有选择的情况下，比起有机食品大多数消费者还是更倾向于购买普通食品。针对消费者购买食品的标准尼尔森数据会让你得出结论：无论有机食品的消费群体数量是否有增长，它都绝对不是一个小众市场。但是，传统的标准行业报告会告诉你像美国全食超市这样的公司未来会在健康食品领域实现 101 亿美元的商业价值吗？如今，全食超市已经形成了引起竞争对手注意的足够大的规模，已经成功占领了市场。

不要因为自己使用的信息来源而陷入盲区。行业观察者和信息提供者针对某一现象的报告都是他们对市场上已经非常明显的现象发表的自己固有的观点。某些现象在变成标准行业报告的一部分之前就应该被观察到，并且应该被整理进报告中。聪明的竞争者会利用这一点，专攻市场中抵触性最低的部分，这也是最容易被忽略的部分。

避免各个方面的短视陷阱

（1）用户陷阱

我们需要用到广角镜头的第一个部分就是我们所研究的用户。大多数组织都倾向于把重心放在核心用户群体和最重要的用户身上。以用户为本的原则要求你倾听用户的声音，但是如果对其理解过于狭隘，这一理念是很危险的。事实上，过于关注当前的用户可以说是组织管理者失败的一个重要原因。克莱顿·克里斯滕森（Clayton Christensen）曾被评为全球最具影响力的管理学大师，他的研究理论可以被看作是对用户导向型策略的警告。

对现有用户的过度关注会导致公司忽视潜在的颠覆性创新的机会，这种创新有利于现有用户所看重的公司各方面表现的渐进式提升。如果颠覆性创新的机会已经显现出来，而公司还处在盲区，那么新进入市场的外来者通常会抢占先机，这样就非常危险了。

案例分析

举个例子：德国汉莎航空公司的常飞旅客经常购买商务舱的座位，他们会考虑选择廉价航空吗？通常来说，他们所考虑的更多是更高质量的服务、更大的灵活性和更舒适的乘机体验等。然而，针对其他类型用户提供基础服务肯定也存在市场机遇，像瑞安航空公司这样的廉价航空公司的成功就证明了这一点。对于很多航空公司来说，常飞旅客是它们最重要的用户群体，比如维珍航空公司，占用户总数 1% 的常飞旅客带来了 11% 的利润。所以，在讨论哪类用户最重要时，常飞旅客无疑会被排在议程首位。但是这样也存在风险，对于高价值用户的单一关注会导致对潜在用户群体的忽视，而创新通常都发生在新的用户群体中。只关注现有用户的需求会让你走向相反的路径，失去巨大的市场机遇。廉价航空公司会关注那些通常会被其他航空公司忽略的用户——飞行频率较低的休闲型用户，并找出为他们提供服务的方式。结果显而易见：当其他航空公司在相同的市场中为利润竞争时，廉价航空公司成为了航空业的赢家。例如，瑞安航空公司就实现了 12.5% 的利润率，而它在英国的竞争对手英国航空公司却面临着亏损。

只关注有限的用户群体的另一个风险就是推动产品研发的用户群体越来越小，产品针对的需求越来越趋向专门化，无法适应大众市场。公司可能会与范围非常小的用户群体进行合作，这群用户是对某种产品有深入理解并且是产品使用专家的“领先用户”。领先用户可以提供产品构思，但是因为他们不是普通用户，所以他们推荐的产品的受众范围是很有限的。

公司不应该只被当前的用户挡住视线，而应该看到更广泛的用户群体。采用用户导向型策略是否会带来不尽人意的效果，取决于公司是如何定义“以用户为中心”的。如果以用户为中心就是倾听最好的用户的意见，那么用户导向型策略无法帮助公司实现颠覆性创新。颠覆性创新不是针对主流用户，不是由主流用户所驱动的行业发展方向，其重点在于开发新的市场群体。如果你理解的“以用户为中心”是指探索整体市场的潜在需求，包括现有市场和新兴市场，那么这和颠覆性创新的理念是大致相同的。

（2）竞争者陷阱

如何应对市场中无处不在的强大的竞争压力？为了保护自己的市场份额或者市场占有率，许多公司都陷入了过度的激烈竞争。我们会发现，在高度竞争环境中的公司很难实现战略创新。这是经常面临高强度竞争的公司的自然反应，它们为了成为竞争中的赢家会集中所有精力和资源。但不幸的是，这样一来，公司就几乎没有时间、精力和资源退一步思考其他出路了。这样的公司需要使用视角更广的镜头，不应该再过多关注现有的产品和服务。当直接竞争开始升级时，最重要的就是打开镜头，观察市场中所有的机会。通过搜寻可替代的策略方向，公司可以在高强度的竞争环境中获得避免负面效应的回转余地；通过选择适合自己的位置，公司可以避免争夺市场主导地位的直接而残酷的竞争。

在分析商业竞争情报时，公司总是倾向于关注数量有限的竞争者。很多公司都只是把一小部分公司作为自己的竞争对手。即便在面临竞争者数量相当庞大的情况下，许多公司的“竞争集合”中平均也就只有六到九家公司。竞争集合是公司的管理层决定重点关注的竞争对手，它代表了公司在竞争格局中的心理模型。

案例分析

与我合作过的一家科技公司成立了一个竞争情报特别小组，收集、分析和分享竞争者的行为和决策。为了完成这一任务，特别小组找到了他们认为非常关键的十家竞争对手公司。一般的竞争集合包括六到九个竞争者，相比之下这家公司的范围更加广泛。特别小组对每个竞争对手进行调查研究，确保这十家公司的所有相关信息无一遗漏。这家科技公司的其他同事都会定期收到来自前线的最新消息，它还建立了线上信息中心，任何有需要的人都可以从这里轻松获取想要的信息。

三年后，这家公司开始失去市场份额。在进一步的调查中发现，最大的威胁并不是特别小组关注的那十个竞争对手，真正的威胁来自用新技术占领市场的新的竞争者。这家公司完全陷入了盲区。

谁才是你的竞争对手？很显然，很多公司不会把它们的竞争对手当作同质性群体。有些竞争对手会被“重点关注”，它们是直接威胁；还有一些竞争对手的威胁性会较低一些。公司对于焦点竞争对手的界定是以竞争对手的各种属性的连续统一体为基础的，或者是以竞争对手和自己的相似性为基础的。但是，最应该被当作竞争对手的公司既不是行业巨头，也不是和自己最相似的公司。我们很少会把规模较小的公司或者与自己属于不同类型的公司当作重点关注的竞争对手，这些公司不会被看作直接威胁。因此，在很多公司的竞争集合中主要都是市场上的主导公司，以及那些与自身规模、战略、地理位置等方面最相近的公司。

这么做不会立刻造成什么问题。这样的竞争集合可以帮助我们在复杂的竞争格局中找准方向,加快决策进程,让收集竞争情报成为切实可行的任务。然而，这也会造成短视，当威胁在直接视角之外出现时就会非常危险。通过确定重点关注的竞争对手，我们可以重点分析小范围的市场趋势，但它们代表的不是整个竞争格局。这就意味着对竞争对手行为的解读会受到我们在竞争格局中的心理模型的影响；竞争心理模型是我们通过对最大和最相似的竞争对手的分析而形成的。

竞争集合的影响可以从三个不同层面来解读。首先，竞争集合内的竞争对手受到的关注最多，因此竞争集合就相当于一个信息过滤器。其次，将与自身相似的公司确定为竞争对手不仅会增加对其的关注，还会增强相互之间的关联性。也就是说，竞争集合中的竞争对手的行为对于我们的竞争地位的影响是最大的。最后，竞争集合内的竞争对手的行为同样也更具有参考性。比起集合外的竞争对手，集合内的竞争对手的行为更容易被我们重点关注和模仿。

这些都说明，如果我们对于竞争情报有严密的分析过程，就会很容易产生错觉，认为自己对竞争格局的认识是客观的。但是实际上，这只是由对现实的严重曲解造成的障眼法。我们的关注度越高，竞争集合中的公司的关联性和可信度就越高，竞争集合外的公司则相反。对于竞争集合外的公司，我们自然较少关注，会认为它们的行为与我们不相关，所以一般不会参考它们的行为。换句话说，我们完全低估了竞争集合外的公司的行为的重要性。这就解释了为什么小公司生产出的简单而低端的产品能够占领被消费性电子产品巨头支配的数码相机市场。

案例分析

当 Pure Digital 科技公司在 2007 年推出 Flip 相机后，视频录制的方式得到了极大的简化。Flip 相机只比一副扑克牌大一点点，用它拍摄视频和上传视频到网络是非常简单便捷的，特别是像 YouTube 这样常用的视频分享网站。Flip 相机的售价不到 150 美元，通过电子邮件发送 Flip 相机拍摄的视频也非常快。因为创造性地使用了内置 USB 连接器，所以 Flip 相机不需要用数据线来上传、分享视频或者充电。Pure Digital 科技公司的新产品甚至得到了《华尔街日报》著名专栏作家沃尔特 • 莫斯伯格（Walt Mossberg）的赞赏。

与其他竞争者相比，Flip 缺少的一项功能是 1 080p 的高分辨率录像功能。就在 Flip 相机推出两年后，思科公司以 59 亿美元的价格收购了 Pure Digital 科技公司，当时 Flip 是亚马逊网站上销量最高的摄录像机。在 Pure Digital 科技公司大获成功之后，市场上出现了大量模仿原版 Flip 相机的产品。但这并没有威胁到 Pure Digital 科技公司，其 CEO 约翰森 • 卡普兰（Jonathan Kaplan）说：“模仿就是一种赞赏。每次有同行推出新产品时，我都非常开心。”Flip 相机在摄录像机市场中的占有率持续增长，达到了惊人的 35%。然而 Flip 相机的结局却不如人意。2009 年，思科公司决定重新重视其核心业务，所以对消费性电子产品部门的关注度降低。Pure Digital 公司是这一决策的受害者，最终于 2009 年停止经营。

像索尼公司和柯达公司这样的消费性电子产品巨头，怎么会没有注意到 Flip 的存在呢？有两个原因可以解释。首先，Pure Digital 公司在当时的摄录相机市场的竞争集合中并没有受到重点关注，它是一个全新的入局者。其次，Pure Digital 公司和市场中其他同类公司关注的产品性能不一样，它不会在图像质量上与其他公司竞争，它的竞争优势在价格、易用性和共享功能上。实际上，放弃最高分辨率从而得到具有竞争力的价格是一个明智的决定。然而，从市场现有竞争者的角度来看，Flip是一款低性能相机。不出意外，它们没有对Flip的出现做出及时的反应，这就给Pure Digital公司创造了在市场中自由发展的机会。

有色眼镜和偏见

广角镜头可以让我们在日常事务中获得最远的视角。在这一视角下，我们可以关注市场外围：远离现有用户，远离现有产品，向未来深入。这就意味着我们要走出自己熟悉的领域，解读新出现的、微弱的市场信号。这可能会很困难，还会让我们茫然无措。当我们搜寻新的信号时，困难的不是寻找信息，而是确定应该关注什么信息，应该忽略什么信息。因此，理解和分析新的信息是最困难的任务，这个过程中充满了各种陷阱。

（3）关注力陷阱

使用视角更广的镜头来审视周围环境可以让我们发现持续出现的大量信号，这些信号可能适用于即时决策，也有可能不相关。管理者需要分析所有可能有价值的信号，抓住重点。那么如何确定哪些信号是重要的，哪些信号是应该被忽视的?

前文已经提到了过于关注现有竞争者或用户的风险，我们很容易遭遇用户陷阱和竞争者陷阱。的确如此，我们关注什么，就会对什么采取行动。如果没有对市场外围给予足够的关注，我们就很难及时做出反应。使用广角镜头可以让我们拉远视野，看到现状之外的情况。

案例分析

我经常会对MBA的学生进行这样的测试。我会拿出一副扑克牌，分别给每张牌做上记号，将其中一些牌保留下来，另外一些就丢掉。我让学生们尝试找出我留下牌或者丢掉牌的决定背后的规律，当他们完全确定的时候再告诉我。其实我遵循的原则就是按照颜色交替留下牌。然而，我故意把牌全都放在面前，看起来像是递增次序，显示出一种奇数或者偶数的顺序模式。在我留下和丢掉几张牌之后，有一个学生脱口说出答案：“你只留下偶数牌。”我让学生们说出得出答案背后的思考过程。又过了几轮，这个学生给出了一个初始假设（例如只有偶数牌被留下来）。随后的一两轮实验又证明了这个假设，最终结论已经形成。我们没有再做其他假设，也没有验证其他假设是否成立，而是倾向于确认自己已经相信的东西是否成立。这就是所谓的“证实性偏见”。

在分析竞争环境时，证实性偏见是非常危险的，这会让我们只关注那些能够证实我们已有认知的信号，而忽略其他信号。这种选择性感知效应意味着我们会倾向于参考那些我们原本就已经关注的信息。

（4）信号解读陷阱

确定相关信号是一回事，理解和运用它们又是另一回事。怎样才能分析出这些信号对外界环境的影响程度呢？怎样才能找到正确的发展方向呢？成功解读信号并非易事。

倾向于相信现状是人类的本性：我们会用当下的情况作为参考，将其和其他选项比较。这就忽略了一个事实：现状不会永远维持不变，它一定是持续变化的。除了“如果我们……会怎么样”，我们还需要问自己：“如果我们不……会怎么样？”一项决策的价值必须要在各种不同的情况下进行评估，最具有现实意义的情况就是竞争力和财务状况持续恶化的情况。举个例子，在决定是否要发布一款新产品时，我们要问自己的不仅是“如果我们推出新产品，销量能够提高多少”，还应该问“如果我们不推出新产品，销量会降低多少”。这就是另一种完全不同的商业思维了。

无偏见分析最大的敌人就是固有的观念。在做决定或者与他人讨论时，人们会用自己对世界认知的心理模型去评价决定和进行对话。心理模型就是对事情运作的简化观点，它使你能够避免复杂的过程和处理过载的信息。管理者的心理模型是以他们运作的商业模式为基础的，这种心理模型包含他们对于在一个行业内如何经营的所有认知，这都是通过长期以来的经验建立起来的。他们的心理模型可能会包含这样的观念："我们的产品不能在线上售卖。""我们的产品涨价幅度至少要达到 150%。""我必须要成为能够销售复杂方案的专业人士。""绕开分销商可以立即产生影响。""我必须依靠研发部门来维持竞争力。""线上的 MBA 学位绝对没有传统的 MBA 学位可信度高。"这些例子都是我们所定义的"主流逻辑"。主流逻辑是商业世界中根深蒂固的观念假设，是没有人会质疑的传统理念。这是一种思维模式和世界观，是商业模式以及如何成功实行某种商业模式的概念化。主流逻辑在一些公司中是成立的，但是放在整个行业来看就不一定了。同行公司有相似的经验和相似的环境，因此也会有相似的心理模型。

这种固有的心理模型就是我们所说的心理陷阱，它会导致所谓的"填鸭"现象：对所有信息的解读都要符合固有的心理模型，只有当新信息与我们长期以来认可的假设相符合，我们才会完全接纳新信息。但是，只有当新信息能够冲击我们的信念结构时，变化才会产生。

曾经与我合作过的一家公司就是通过研究其他行业的商业模式来挑战传统观念的。这家公司总是问"如果……会怎样"的问题："如果这项措施在我们行业能成功的话会怎样？"这是对思维灵活度的练习，可以改变固有的思维模式。要想突破思维局限，至少要敢于做出质疑：如果一直没有受到质疑的行业规则其实是错误的，是否还有其他选择？

威胁还是机遇

俗话说，情人眼里出西施。同样的现象在不同人的眼里会得到不同的评价，同样的变化既有可能被一些人当成威胁，也有可能被另一些人当成机遇。威胁就是很有可能面临损失并且可控性相对较低的情况。机遇则是获得收益的概率高、对形势有一定掌控能力的情况。对于杂志出版商来说，现在的平板电脑是机遇还是挑战呢？它们可以用平板电脑的新功能来丰富内容，为读者呈现出不同的阅读版式，但是，因为平板电脑的线上阅读资源内容丰富并且唾手可得，所以用户有可能不愿意购买传统杂志。将其视为威胁还是机遇，会对杂志出版商采取的行动产生极大影响。

将一种新现象看成威胁，你就会投入更多的精力和资源。这就是为什么咨询顾问总会通过强调不利的一面让你“产生紧迫感”。把新现象看作威胁也会让你更倾向于选择退缩，而不是接受变化。决策者可能会为了应对威胁花更多的钱，但是他会采取一种防御的态度，而不是试图对现有商业模式做出大规模改变。他们只想让威胁最小化并尽量避免，希望原本的商业模式能够重回正轨。将新现象视为机遇的决策者会采取完全不同的行为，他们会以更加开放的态度尝试新事物。

案例分析

查尔斯·施瓦布（Charles Schwab）和美林证券公司在线上股票交易方面的观点形成了鲜明对比。施瓦布说：“投资和电子邮件、色情文学一样，都是对互联网的‘自然’运用。”美林证券公司则认为线上股票交易是“对美国人的理财生活的严重威胁”。猜猜是谁先采取行动？查尔斯·施瓦布比美林证券公司提前三年接受互联网，并开始实施线上交易。

温水煮蛙综合征

如果你把一只青蛙丢进一锅沸腾的开水里，它肯定会惊恐地想要跳出来。但是如果你把青蛙轻轻放进一锅温度合宜的温水里，它就会在水中平静地待着。当水温逐渐升高，青蛙会陷入平静的麻木，就像我们洗热水澡时一样。过不了多久，这只面带笑容的青蛙就会被煮熟，然后死掉。温水煮蛙的故事不论是真是假，都具有警示作用。当我们看到变化的信号时，如果对它们的长期影响不给予重视，就很有可能在瞬息万变的环境中被捆住手脚。

惊讶报告

新员工入职时，他们看待公司的视角还是很纯粹的。他们不会受到固有观念的阻碍，其看待问题的视角都是崭新的。

“惊讶报告”就是为了获得新员工的新观点。新入职的员工被要求在入职几个月内写一份“惊讶报告”，他们需要在报告中写出自己感到惊讶、难以理解和不符合期望的事情。这是他们对事物的不同看法的反映。

你准备好这样一面镜子了吗？

避免影响判断和解读新信号的有色眼镜和偏见的方法非常明确。我们在判断准确性上面临的问题根源就是自身固有的知识和经验。我们的经验越多，判断和解读新信号时受到的影响就越大。对于这个问题，解决方法就是用纯粹的眼光看待问题——让新人和外来者参与进来。不要剥夺他们评判的权利，他们的判断是未经污染的全新观点。

把注意力向外集中

在前文中已经说到，我们需要一个提前预警系统帮助我们监测环境，发现用户、市场或者竞争者新出现的变化。通过使用视角更广的镜头，我们可以确保消除短视陷阱，不把注意力局限在当前的用户和竞争者身上。广角镜头缺乏像面向现有用户的长焦镜头一样的专注度，但是它会让我们看得更远。我们需要的是为外部搜索投入时间和精力。

主动和被动搜索

搜索的目的是在那些微弱的信号形成更大规模之前发现它们。这一过程可能是主动发生的，也可能是被动的。每天公司里都有人——跑业务的销售人员、开研讨会的研发人员、行业会议上的管理者等，会听到和看到一些事情。不知不觉中，他们获得了大量的信息。为了让不同的信息产生价值，我们需要把它们整合到一起，发现它们显现出来的系统性模式。在主动搜索的过程中，我们会针对具体问题、假设或者最终目的去搜寻信息。

在常见对象之外了解信息

扩展我们的外围视觉就意味着除了关注常见对象之外，我们还要从没有的用户和（或）没有的竞争者那里了解一些东西。你对造成了损失的合约进行过事后分析吗？你有找过造成损失的原因吗？你和没有使用你的产品的用户沟通过吗？你在市场调研中选择过非用户群体作为对象吗？你分析过你的替代产品吗？你分析过为什么有些用户更愿意选择替代产品而不是你的产品吗？你知道流失的用户都去了哪里吗？你问过自己的盲点是什么吗？你问过自己什么是还没有被常规行业报告所涵盖的吗?

反向教导

你可以学习思科、奥美和通用电气等公司的方法。

为了让高层领导者了解和接受技术、社交媒体和工作场所的一些新趋势,许多公司都开始让更年轻的员工进入管理层。高级主管开始学习年轻一代使用的通信技术,同时他们也感受到了公司里年轻的新成员的冲劲儿。以前年轻员工的意见很少会被倾听,但现在他们都有机会接触高级管理层。

好处是什么?当然是改善了工作关系,消除了对新技术的恐慌,并且提高了员工满意度。

如何有效利用广角镜头

有效利用广角镜头并不容易。一方面,我们很有可能忽视重要的新现象;另一方面,关注数量众多的微小信号也是个不小的挑战。

就以谷歌眼镜为例来说明。在媒体的广泛关注下,许多极客和科技爱好者都体验过这项新技术。我们应该开始着手为谷歌眼镜制定策略吗?谷歌眼镜究竟是只适合科技怪人和极客的小玩意儿,还是会成为一场变革的开端,让每个人都把这个小屏幕戴在脸上?这些还尚未定论。

有两种不同方式来应对这一挑战。第一种方式就是采取静观其变的态度,当信号达到一定规模和程度时再做出回应。你可以认为,在最终应用程序被创造出来之前，谷歌眼镜还需要很长一段时间得到市场的广泛认可，也会出现很多不同版本。你可以在谷歌眼镜的发展方向非常明确时再做出决定，采取行动。这一策略的风险是你会落后一步，以后可能很难追赶上竞争者。

第二种方式就是抢占先机，完全为其投入资源并采取行动。你需要准备一种应用程序，用来呈现你的新技术。这种策略的风险是可能会因为投入太早而浪费资源。

其实还有第三种方法，也就是探索和了解。把脚趾放进水池里才能感觉到温度，当你确定温度是适宜的才能跳进去。在这种策略之下，我们的目的是进行一系列小规模的实验，尝试不同的事物，尽可能多地掌握信息。这种策略比前两种更好，原因如下。

- 通过行动来了解比通过观察来了解更有效。虽然你可以通过观察别人了解很多信息，但是有些东西只有你自己置身其中时才能了解。
- 小规模的行动可以帮助你开发新的技术，是大规模投入的有利开端。
- 这种策略可以在组织内部创造一种学习的文化氛围。

耻辱墙

耻辱墙和名人墙的设立目的是一样的：都是向路人公开展示一些东西。但是耻辱墙上展示的都是公司的失败：无效的产品、半途而废的项目、不成熟的产品开发过程等。

耻辱墙不去隐藏那些不成功的项目和举措，是一种纪念失败的方式。通过把失败展示出来，我们表明了一种态度：失败并不羞耻，唯一的羞耻是不敢尝试。同时，耻辱墙也表明了成功一定都是由失败的尝试累积起来的。它印证了那句话：成功就是99%的失败。

我们什么时候应该使用这三种策略来应对新的变化呢？图 7-1 展示了四种配置广角镜头的不同的路径，其结构是以两种不同的尺度为基础，体现的是你所面对的不断变化的环境。第一个尺度主要是环境的变化率：你是处于瞬息万变的形势还是变化缓慢的形势中？第二个尺度是变化是在你已知的领域还是未知的领域发生的，它主要衡量的是新的变化会将你带离公司的核心业务多远。

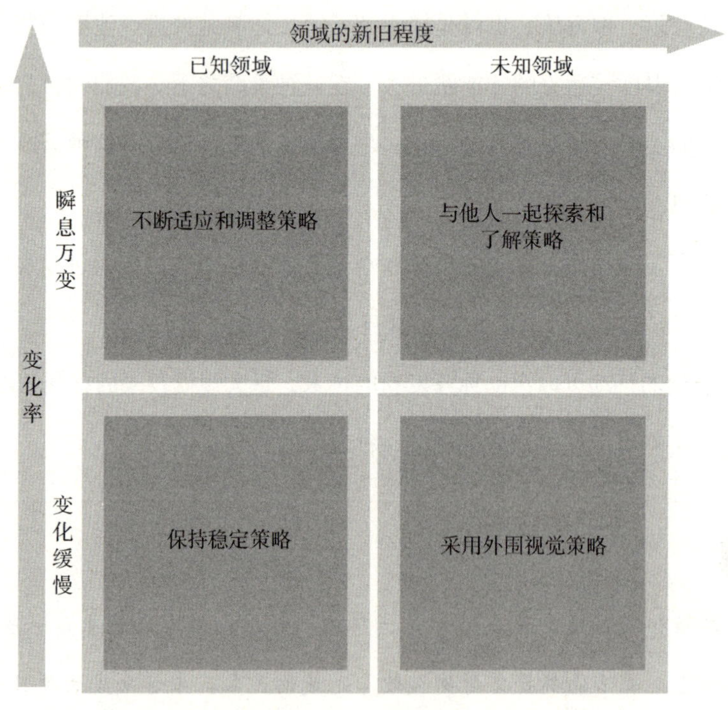

图 7-1　变化的维度

• 变化缓慢和已知领域：在一个缺乏变化的环境中，变化通常在你熟悉的领域中发生，你可以维持稳定的状态，保持当前的策略。你需要保持足够的警惕，不要麻痹大意：稳定的水流很快就会变成猛烈的波涛。

• 瞬息万变和已知领域：在高速变化的环境中，变化可能在你熟悉的领域中发生，那么你需要不断适应和调整。在这种情况下，你需要持续接受新信号，公司也会处于永久的持续变化之中。

- 变化缓慢和未知领域：在一个缺乏变化的环境中，发生的变化迫使你去了解一些未知的领域，你需要做好准备，使用强大的外围视觉，密切关注市场的变化，在时机正确时做出反应。在这种形势中，最大的风险就是你很有可能会低估自己所处环境发生变化的概率，当变化加速发生时你会感到惊讶。

- 瞬息万变和未知领域：你涉及的未知领域越多，需要学习的东西就越多，“探索和了解”这一策略就越重要。许多小的举措都有助于探索机遇，降低风险。你需要采取风险最小化、知识最大化的行动。通过与他人共享，风险可以进一步降低。这种情况我们将会在下一章中进一步探讨。

小结

使用第三种镜头需要对市场和环境进行持续广泛的搜索，发现新的变化和新的趋势。有了广角镜头，我们可以把视角从当前用户、竞争者和市场上拉远，看到更广阔的图景。

我们需要避免用户陷阱和竞争者陷阱。也就是说，我们需要从目前没有掌握的用户身上学习一些东西，关注没有出现在一般竞争集合中的新竞争者。

当我们使用广角镜头时，解读信号的难度是最大的，因为我们必须远离自己熟悉的领域，对于未知的领域我们缺少认知，不够深入。确保我们对信号的解读没有受到有色眼镜和偏见的影响，这很困难，但我们必须做到。

当我们把注意力向外部转移时，需要采用纯粹的视角，不要被过去遗留下来的经验和传统心理模型所影响。

预测未来的最好方法就是置身其中。未来已经在眼前，只不过它是不均匀分布的，相关信号是非常微弱的。在瞬息万变的未知领域中，“探索和了解”这一策略会带来最好的机会，让你了解到最多的信息。

开始行动

- 为竞争情报工作分配资源（时间和人力）。
- 在常见的关注点之外研究竞争者。
- 不要低估小范围现象的影响力：它们是大规模变化的信号。
- 制定常规日程，包括对广角镜头的分析和讨论。
- 注意自身存在的偏见，借助外来者产生全新的、无偏见的视角。
- 尽可能通过实践和行动来了解信息，而不是被动接收信息。

第八章 08

改变商业模式的第三种镜头

“我知道一路上我们都会犯错误——有些是我们自己造成的，有些是因聪明、努力的竞争对手而造成的。对开疆拓土的热情将推动我们积极地探索狭窄的小路，但不可避免的是其中有很多会变成死胡同。但只需要一点好运，我们也许就能开拓出广阔的大路。”

——杰夫 • 贝索斯，2012

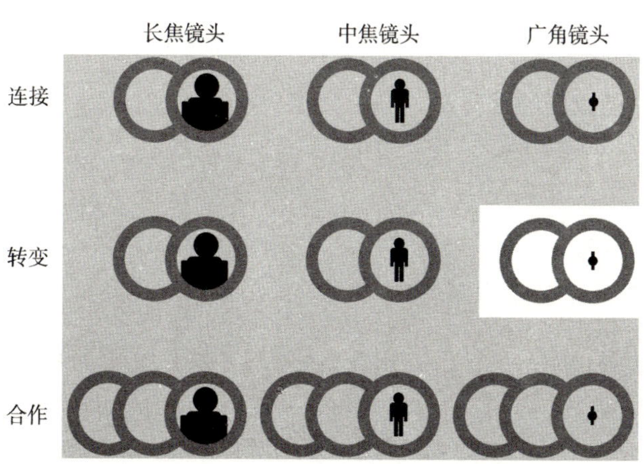

许多企业目前正面临着全面的变革。出版、媒体、医药、游戏、零售、娱乐、软件等行业都面临着商业模式等各种新兴的变化。快速消费品公司与主导地位日益上升的自有品牌展开竞争；制药公司目睹着以研究与开发为主导的模式几近崩溃；在压力下媒体公司无法从内容和广告中得到收入；五金公司眼看着商品化趋势发展得越来越快。所有这些变化，都要求企业所有者重新对自己的商业模式进行思考。变化虽然缓慢，但确实使很多现有商业模式变得多余。

之前我们介绍了广角镜头的概念。广角镜头能够使我们发现周围环境中不断变化的信号，无论是不断变化的用户需求、新的细分市场、新的外部市场条件还是新的竞争对手。我们也因这些广泛的变化而不得不重新反思我们的市场经营模式。当我们开始关注用户需求时，经营模式也必须跟上，这就意味着当机会出现时我们需要灵活地改变经营模式。

案例分析

牛奶行业为什么衰落？尽管赞助了大量的宣传活动，但发达国家数十年来对牛奶的需求量还是直线下降。自 20 世纪 70 年代以来，美国的牛奶消费量下降了 36%。牛奶这种核心产品陷入失去市场的困境，说明我们不能忽视市场需求，过度投入一个高度商品化的产品，鲁莽地尝试着去销售自己生产出来的而非人们想要的东西。这是一件非常危险的事情，对其他行业来说也是一个警示。

牛奶行业的困境只能归咎于自身，究其原因是其更多地考虑奶牛而非顾客，更注重运营效率：农场自动化设备的挤奶效率、规模经济、供应链效率。这些效率确实提高了，但伴随而来的却是需求的下降。与此同时，其他行业从牛奶制品和牛奶替代品的普及中得到了巨大的回报。在大豆和杏仁等植物乳制品市场的蓬勃发展中，我们看不到牛奶生产商活跃的身影。它们也无法从销量倍增的以牛奶为基础添加物的咖啡产品（比如牛奶含量比咖啡还高的星巴克饮品）中获得回报，也没有获得像 Chobani 希腊酸奶品牌取得的成功。Chobani 的拳头产品希腊酸奶在 2005 年上市，但年度销售净额超过 10 亿美元。而此时传统牛奶生产商仍执着于在市场上推销 1 加仑装的大纸盒牛奶，倾注资金着力宣传“多喝牛奶”，企图再次激发那些曾经习惯“每天喝一杯奶”的顾客对牛奶的热情。

牛奶生产商明确地将自己的视角聚焦于产品而非顾客，尽管牛奶的消费量一直在减少，但以牛奶为原料的饮品和营养品的消费量却有稳步上升的趋势。当然，想要从发展趋势良好的市场中有所收获，牛奶的生产和销售模式就必须彻底转变。

如果牛奶生产商具备以用户为导向的商业思想，就能够看到这个机会——通过向乳制品延伸价值链为顾客提供更高的价值。而且它们也会意识到，它们需要从根本上对基于生产的商业模式进行重新思考。

本章我们将会讨论一家公司在自身商业模式发生根本性转变时如何做好准备，又应该如何实现能够引发用户需求变更的商业模式创新或者如何提前预知新的市场机会。

对商业模式创新的尝试为何频频失败

在过去数十年间，有很多关于商业模式创新的说法和文章，其中有很多是在一些大公司引人注目的表现基础上总结而来的，比如苹果、亚马逊、Netflix 和塞尔福斯等。贯穿所有这些成功故事的共同点就是那些存在问题的公司选择挑战行业内的传统思维，放弃了在传统意义上进行创新、投资研发、推出下一代产品的做法。它们改变了原本的商业模式，同时紧紧围绕着用户价值下功夫并坚定地将其传递给目标用户，其中包括对目标市场、用户需求和意愿以及整个价值传递过程的重新思考。举个例子，苹果公司更专注于消费者甚于商业用户，强调可用性、设计性和便利性甚于单纯的技术性能，并且在完善后的生态体系中捆绑硬件、软件和内容。

这些事例掀起了一股老牌公司效仿新创者、思考商业模式创新的热潮。它们组织商业模式创新研讨会，开始整合商业模式的工具和框架，比如它们在标准文档和方案中引入新的商业模式，甚至效仿西门子建立了内部商业模式创新咨询部门。

然而这些努力对实际业务影响甚微。许多公司对商业模式创新的尝试往往比真正的市场活动更有创造性，但最终结果还是令人失望。它们往往不能把商业模式创新理念融进核心业务中，只将其视为边缘活动。

如果实施得好，商业模式创新一定能带来很多好处。实际情况也确实如此，在商业模式方面有所创新的公司比只在产品或者服务方面有所创新的公司要做得更好。下面列出了三个原因。

（1）**它们是独一无二的。**在商业模式方面有所创新的公司能够在竞争格局中占有独特的地位，从而避免了直接竞争。除此之外，这种独特性的优势还有先发优势、（暂时）垄断、较低的转换成本和随之而来的较高的用户忠诚度。比起走传统路线的竞争对手，策略创新者注重对资源和独特能力的开发，它们使用不同的资源，通常也会吸引不同的用户群体。因此，从资源的输入和输出方面来说，它们面临的竞争更少。

（2）**它们无视规则。**商业模式创新者不遵循一般的行业规范，对现有的主流逻辑"这就是我们的做事方式，而这也正是成功的窍门"更是不屑一顾。正因为如此，商业模式创新者往往被人忽视，更不会被视作竞争对手。然而比起竞争对手，它们在面对市场危机时能够避开要害，存活更长的时间。

（3）**它们无法被模仿。**企业通过商业模式创新获得卓越业绩的原因之一是它们建立了模仿壁垒。策略创新者往往会发展出一套"独门功夫"，使自己能够取得商业模式创新上的成功，同时又使其他公司很难模仿这种创新。所以模仿者往往只能仿其形而不得其神，最后把自己的公司折腾得翻天覆地却仍旧一无所获。这种无法被模仿的特征使策略创新者的表现更为突出，也为它们在行业内争得一席之地创造了先天优势。

既然效果显著，那为何在商业模式创新方面失败的公司比比皆是？主要问题通常不是缺乏创意，反而在于简单的部分，其原因主要有两个：缺乏转变思维的能力和缺乏执行能力。

在已经成立的公司里关于商业模式创新的记录往往只有寥寥数语，一个非常重要的原因就是我们已经忘了关于投资商业模式创新的原因，也忘了创新需要由表及里。就商业模式创新本身而言，它并非是我们追求的最终目标，不过是达到目的的一种手段罢了。而这个目的在商业模式创新计划里是首要的，你需要意识到你必须先完全不考虑商业模式的问题，只想着如何满足一个用户真正的需求，这样才有可能取得成功。然后，你需要构建一个蓝图展示出公司应该如何在获利的前提下满足用户的需求。当我们沉浸在对商业模式创新的热情中，总是会遗忘第一步的重要性。这就是反向价值链对我们的影响。

第二个原因是缺乏执行能力。商业模式创新在大部分时候还是被视作一个理论，很少有人认为它能够实现，这是因为知名公司往往不愿意投入资源或者缺乏执行能力。我们来分析一下发生此种情况的原因。

阻碍创新的敌人 1：缺乏思考力

大多数公司的倒闭并非由于做出了错误的决定，而是源于它们长期坚持运用曾经的“正确”策略，这种情况很大程度上是由对销售再分配的恐惧引起的。

创新的最大阻力是决策者对于牺牲部分现有业务的犹豫不决，但是越成功的公司其所舍弃的会越多。任何支持对现有业务可能造成潜在威胁的创新行为的人都将会知道自己必须要面对关于销售再分配的主要争论。与新兴公司有所不同的一个方面是：知名公司需要对某个现有业务进行考量和维护，无论它们采取任何新的举措，都必须从公司的角度出发并且争夺最佳资源。无论是公司没有信心保证新兴业务的回报率与现有业务的一样高，还是新兴业务对现有业务会造成不利的影响，通常这两个方面都会导致创新行为的成果付之东流。在这两种情况下，人们认为正确的行为是坚持之前的做法，将更多的资源分配给现有业务而非不稳定的新业务。

案例分析

Netflix 的故事对这种恐惧和行为而言是一个非常明确的警告。该公司已经击败 DVD 租赁巨头 Blockbuster，开始打起了规模更大的视频点播市场的主意。Netflix 是一家专门提供在线影片租赁服务的公司，由里德 • 哈斯廷斯（Reed Hastings）创立，其契机是他偶然在柜子里发现了一张已经过了租期的“Apollo 13”DVD 租赁小票。在缴纳了 40 美元的滞纳金之后，哈斯廷斯开始考虑用其他方式更好地满足顾客对家庭影院服务的需求。

Netflix 成立于 1999 年，总部位于加利福尼亚州的洛斯盖图，专门出租年代久远、鲜为人知的电影 DVD，其送货方式是邮寄。自成立之初，里德 • 哈斯廷斯和他的管理团队就试图让自己能更深入地了解顾客需求。

Netflix 很快意识到，用户尽管需要花上数天时间才能收到自己想要的 DVD，却表现出对挑选、租赁和归还 DVD 的繁琐过程和慢节奏的心满意足。Netflix 后来推出创新性的订阅服务，提供更多的便利和选择，用户也可以按自己的喜好选择租赁期限。

到 2003 年底，Netflix 证明了一个盈利性的商业模式可以建立在创新的价值主张之上。它的收入达到了 2.72 亿美元，并开始扭亏为盈，其网站为 150 万用户提供 55 000 种不同的选择。Netflix 的王牌订阅计划允许用户最多同时租赁三部影片，不限租赁时长，每月租金为 19.99 美元。与此同时，行业巨头 Blockbuster 由于自身庞大的零售网络和 DVD 目录带来的固定成本过于高昂，无法将其 59 亿美元的营业收入转化为增强自身实力的资本。它的价值主张迎合的是那些容易冲动地做出决定、想要马上看电影的顾客，其目标是让每个人在 10 分钟内就能看到自己喜欢的电影。

然而，Blockbuster 仍然无视 Netflix 所带来的威胁，它声称：“显然，我们非常重视家庭娱乐的各种方式，也总是密切关注着它们的发展。我们至今仍然没有在这个领域看到任何一种经济上可行的长期商业模式。在线租赁服务不过是在为利基市场铺路而已。”

Blockbuster 有 10% 的收入来自于滞纳金，很明显这样的收入结构存在很大的风险。三个月后，Blockbuster 的发言人澄清：“Blockbuster 无意开展在线业务与 Netflix 竞争，我们并不认为它是一个稳定的商业模式，不会有足够多的邮购订单可以撑起它的运营。”直到 2003 年，Blockbuster 管理者才公开承认 Netflix 已经对自己的核心业务构成了威胁。2004 年，Blockbuster 宣布对外开放在线业务，这也是对 Netflix 的正式宣战。

正当 Netflix 崛起时，视频点播（VOD）被行业观察者誉为家庭影音的“下一件大事儿”。很多行业观察者认为，在电脑上订阅电影并即时观看很快会对 Netflix 核心业务的数量庞大的用户产生影响。那些觉得在线 DVD 租赁和传统录像店非常不方便的人现在可以免去等待 DVD 邮寄往来的麻烦，选择即时观看自己喜爱的影片。

哈斯廷斯很快就意识到：“如果我对 Netflix 的用户展开以下调查：‘你是否愿意将网络提供的低质量影片下载到电脑里？’答案毫无疑问是否定的，几乎没有用户会对此感兴趣。所以，从以用户为中心的角度出发，我会说影片下载不过是个骗人的把戏。”

但哈斯廷斯也相应地对 Netflix 的战略做了调整：“我们正积极投资 VOD，也会继续尝试和寻找合适的方式使影片下载成为部分用户的更好选择，尽管我们都知道喜欢下载影片的用户并不会太多。”

一切都处于变化之中。Netflix 订单的大幅增长使它从家庭娱乐系统的边缘变成了焦点，因为它可以让用户随时随地观看电影和节目。在 2011 年的夏天，Netflix 遭到了分析人士和大量用户的批评，他们认为 Netflix 从原本的邮寄模式转变为在线点播模式的行为过于急躁。

Netflix 的 CEO 对此做出了解释：“在过去的 5 年中，我对 Netflix 最大的担忧是究竟它会不会被 DVD 租赁方式所取得的成功所束缚，能够顺利地在影片下载领域中占据一席之地。”大部分公司都有自己擅长的领域，比如 AOL 的拨号业务和 Borders 的书店经营业务，它们无法在新的领域再次获得成功，因为它们会担心原有的业务利益受损。虽然最终这些公司总是能意识到自己犯下的错误——对新事物没有足够重视，但它们只能眼睁睁地看着自己无力挽回颓势，一路溃败。

Netflix 选择的策略是把最能符合用户喜好、时间和地点的娱乐方式传递出去——它开始将业务从 DVD 邮寄转变为流媒体和点播。Netflix 的最新措施是针对特殊内容（比如广受好评的纸牌屋系列）的开发。就像其 CEO 里德 • 哈斯廷斯所说：“倒闭的公司很少是因为发展过于迅猛，它们真正的‘死因’是跟不上市场变化的脚步。”这种思想为 Netflix 带来了 36.7 亿美元的收入和来自 40 个不同国家和地区的 3 300 万用户，会员可以用较低的月租价格在任何连接到网络的电子屏幕上观看自己喜欢的影片，没有数量限制，也不受时间、地点的影响。而且，美国用户还可以享受 DVD 和蓝光光盘快递到家的服务。

Netflix 的发展历程包含了很多至关重要的洞见。首先，原本的 DVD 在线租赁模式是基于提升用户体验的价值主张，Blockbuster 也曾试图发展类似的商业模式。但 Blockbuster 在为用户提供最新的影片资源和使用上的便利性的同时，也将自己的劣势暴露无遗：要求用户尽快地归还影片，否则将会有处罚措施。而 Netflix 对用户租赁影片的时间没有任何限制。Blockbuster 因出口空间的限制而只能提供有限的影片资源，相比之下，Netflix 提供的选择更为多样，用户可以自行浏览和挑选。Blockbuster 没有有效地引导用户挑选影片，导致购买风险无法被降低，而 Netflix 开发了一个尤为关键的资源推荐算法，能够引导用户在海量资源中轻松挑选自己喜欢的影片。

其次，Netflix 带给我们的启示还有：公司应该始终坚持以用户为中心的价值主张，即使可能会对现有业务带来负面影响，也应该继续致力于带给用户最好的方案。Netflix 坚信销售再分配并非搬起石头砸自己的脚，只有抢在他人之前进行自我拆分才是抵御竞争对手的最好方式。

理性与非理性的惰性

为什么在面临商业模式转变的需求时企业往往以失败告终呢？从理性的角度出发，如果一次创新代表着一个能够带来远高于资金成本的收益回报的机会，那么这次创新无论是对于行业主导者、后进入者还是创业者都有非常致命的吸引力。

正如我们前面所说，对销售再分配的恐惧是头号敌人，但是需要克服的障碍并非只有它一个。有些问题是理性因素带来的惰性，有些则是由于非理性。我们先来探讨一下行业主导者迟迟不愿推进对新的商业模式的投资进度的非理性原因。抛开众所周知的“非我发明综合征”不说，几乎所有人都对现状有偏见，对变革表现出抵触的情绪。有许多障碍的针对对象是商业模式创新。

目光短浅。在前面的章节中，我们针对用户陷阱和竞争对手陷阱进行了讨论。这两个问题都会导致决策者在看待当前用户和竞争对手时出现目光短浅、缺乏远见的状况。目光短浅的后果是对发生在外围市场的情况缺乏必要的关注，而这往往是公司在面临新的商业模式时最常见的问题。对此，我们需要做的就是扩大自己的视野，以减轻目光短浅所带来的危害。

思维模式的惯性。思维模式是一个棘手的问题，你很难摆脱它。举个例子，商学院的主要思维模式所包含的理念有如下几种：研究的重要性、MBA 的排名、与学生的课堂互动等。尽管大型开放式网络课程（MOOCs）和 MBA 在线课程的成功已经表明这样的思维模式理应受到质疑，但大多数教师仍然坚持旧的理念。

随着时间的推移，基于过往的经验和已经形成的理念，思维模式逐渐成型，并深深扎根于组织中，它们就是我们观察这个世界的工具。直到我们无法再掩饰自己所倡导的思维模式的错误之前，我们将会一直拥护它。

思维模式的转变究竟为什么会如此困难呢？首先，它盘踞在你的整体思想中；其次，你无法主动意识到它。你只是将你的思维模式当成一个参考框架，事实上这也是你知道的唯一的参考框架。它就像是一个信息过滤器，影响着你理解信息的方式：符合你的思维模式的信息将会被接受，不符合的就会被排除在外。通常，商业思维模式在整个组织中被共享，成为企业的主导逻辑和外界对它的看法。在企业异构水平较低的环境中，商业思维模式也会在整个行业中被共享。结果，你就会被自己的思维模式所困。

这些困局需要一个外行人来打破。就像易捷航空的高管针对公司在航空业的不寻常经营方式的评论所回应的："我们不知道这是不可能的，所以我们去做了。"

招聘的多样性

多样性是对付目光短浅的最佳选择，而打破固有思维模式的方式就是引入新的思维模式。你是否已经发现自己身处的工作环境中几乎所有同事都在同一个行业甚至同一个公司里工作过好几年？毫无疑问，共同的思维模式已经出现且难以改变。聘用不同行业的员工有利于你听到新奇的、不可思议的想法。进行行业外部招聘，鼓励人员结构的多样性，或者聘用跟你的用户来自同一行业的员工，都有利于增强内部员工的多样性。在B2B环境中，你更需要的是曾经与你的用户是同行而非跟你是同行的员工，这样你就能确保自己站在用户的角度继续前进。

能力的惯性。创新行为分为两种类型：一种是在现有能力的基础上进行创新，另一种是彻底摧毁它们。增强式的创新建立在对现有能力、技能和知识的巩固上；摧毁式的创新推翻了它们，使它们成为过去。对企业来说，增强原有的能力比破坏原有的能力并获得全新的能力要容易得多，这是由于能力具有“惯性”。已有的强大能力是企业的优势，但也有可能让企业遭遇变革的困难。企业很可能为强大竞争力的另一面所困：核心竞争力变成了核心刚性。这就是所谓的“能力陷阱”。

商业模式创新更适合能力破坏型创新，但是有两个难题。一个难题是破坏现有能力往往会导致企业内部的权力平衡受到威胁，那些一手为企业创造出了现有资源和实力的人看到自己带来的价值被大大地降低，会做出抵制创新行为的过激举动。企业内部的权力争夺战会导致组织瘫痪。就像任何有着 20 年丰富经验的化学工程师都不会为企业往数字技术方向的转变感到高兴。另一个难题是在某个行业活跃的时间越长，企业所制定的规章制度就会越多，这往往也影响着企业对新机遇的开拓。

投资模式的惯性。扭转一个既定的资源投资模式往往是一个非常棘手的问题。企业对资源的分配应该有利于让那些为企业提供所需资源的利益相关者在短时间内得以生存。作为主要的利益相关者之一，企业当前的用户需求指明了创新发展的方向。当企业对新的细分市场做出错误的投资时，它就已经失败了。

阻碍创新的敌人 2：缺乏执行力

案例分析

下面我们来谈谈一个年代非常久远但还是很切题的案例。20 世纪 70 年代，富士施乐复印机公司成立了帕洛阿图研究中心（PARC）。最初创立 PARC 的动机是为了投资关于富士施乐未来的前期研究。当时富士施乐公司认为，无纸化办公是未来的必然趋势，而它作为复印机公司需要通过转型来应对这一艰难挑战。

世界上最杰出的一些科学家聚集在一起，被给予无限的自由去对未来的办公室设计发挥创意，并取得了巨大的成功。PARC 是个人计算机、鼠标、图形用户界面、计算机网络的早期版本的创造者，而且也是它最早将电子邮件作为沟通方式。现在回看那个时代，PARC 研究人员的科研水平在当时是遥遥领先的，富士施乐坐拥了足以改变世界的宝贵发明。尽管如此，这些发明都没有被贴上“富士施乐发明”的标签，没有被商品化。

IBM 在 20 世纪初就已经拥有了 29 个新技术专利，但这些专利没有为企业创造出任何价值，因为 IBM 无法像其他科技公司那样积极地将自己的发明商业化。发现这个问题之后，IBM 对自己的创新方式进行了彻底的变革。

柯达的转让风波是一个关于长期持续发展原有业务的警示故事。它的失败并非由于它的创新行为开始得太晚，而是它根本就不打算有所创新。柯达很早前就开发出了数码相机，也非常清楚数字技术的出现对原有技术的负面影响，但是太多的既得利益使柯达无法做出转变。

Blockbuster 败给 Netflix 的主要原因是它在决定是否放弃高额滞纳金以便转型为订阅模式时犹豫不决，它错过了最佳时机，在七年后才对 Netflix 的崛起采取措施。

在富士施乐、IBM、柯达和 Blockbuster 的案例中有一些共同点，即行业主导者的失误不是措施做得太晚，而是太少。经常有人错误地认为行业主导者会失败是因为引入投资不到位，但是当我们进一步深入地分析就会发现，事实上行业主导者确实有所作为，但并非全身心投入其中。

比起原有业务，新的业务在财务收益方面往往更不稳定，从相对利润角度来看，转变业务的利润可能会特别低，比如柯达在寻求完成数字技术转换的过程中遇到的情况。柯达的一个主管对此评论道："精明的商人不会急于决定转换数字技术，把原来每部电影的利润从 70 美分降到 5 美分。"比起冒险进入新领域并从中获利，企业通常可以通过拓宽现有业务来得到更具吸引力的利润率。"动机的不对称性"也因此产生：当新进入者在积极前进时（任何利润都比没有利润好），行业主导者通常更倾向于把资金注入现有业务中，为进一步发展做准备。除此之外，现有业务可能需要大量资源才能勉强维持竞争力，核心业务一直能够得到充足的资源，因此当事态严重时，核心业务在资源争夺战中总能获得胜利。

富士施乐公司完美地复制了教科书上的内容，按部就班地做了所有事情：为创新行为提供足够的空间，安排足够的人手，确保他们没有后顾之忧。但它却犯了一个致命的错误：当已经发展到了可以进入商品化阶段时，它犹豫了，它害怕现有业务会遭受威胁。它不过是把脚浸入水中，并没有跳进去。IBM 的业务咨询部门负责人吉尼·罗梅蒂（Ginni Rometty）说："新的业务会对现有商业模式造成威胁，导致大量现有业务被简化或者得不到足够的支持。"

企业不愿意把在竞争中所需要的资源转移到创新行为中，这就导致了创新行为的失败。当创新的推动力只是为了支持和利用核心业务时，情况更是如此。如果在促进产品销售时一味地添加毫不起作用的服务，那么即使新业务本身是有潜力的，产品也会出现滞销的情况。我们称之为"核心业务的资源垄断"，其结果就是创新行为遭到来自企业内部的破坏。为了避免企业内部出现阻碍创新行为的倾向，创新行为所需要的资源必须被隔离和保护。除此之外，关于销售再分配的争论也不应该作为限制对创新行为进行投资的理由。

饿狗与肥猫

目光短浅、思考模式的惯性、对销售再分配的恐惧、资源和能力上的限制、内部破坏、当前市场的垄断、动机的不对称性等一系列问题都是阻碍行业主导者在商业模式创新方面取得成功的绊脚石。这就是我们俗称的"肥猫综合征"。"饿狗"和"肥猫"的提法来源于1985年《美国经济评论》(*The American Economic Review*)中的一篇文章，作者是弗德伯格(D. Fudenberg)和蒂罗尔(J. Tirole)。

比起新来者，行业主导者往往会拥有更多的金钱、经验和资产，但如果想要脱离原有业务进行创新，它们仍然有一场硬仗要打。而行业新来者面临的情况则完全不同：它们并没有什么可以失去，也不需要捍卫既得利益，更不会被根深蒂固的思维模式所局限。它们不需要担心现有业务被影响，不需要背负现有用户的期望，也不需要拼命追赶竞争对手的脚步。聪明的新来者利用这个优势，从来不发起正面进攻，而是利用行业主导者的各种惯性对抵抗力度最小的区域进行攻击。它们因此得以充分发展业务，强化自身力量。当行业主导者对此做出反应时，它们要面对的已经不是力量薄弱的新来者，而是一个强有力的竞争对手了。

案例分析

我们来看看Salesforce.com的例子。1999年，在所有竞争对手都争相抢夺大型企业用户资源时，Salesforce.com的CEO马克·贝尼奥夫(Marc Benioff)却毫不在意，专注于打造CRM应用程序。他的初衷只是使CRM应用程序能够访问中小型公司，为此他提供了一个基于云计算的商业模式，一种被众多人质疑其长期可行性的新技术。但是Salesforce.com的盈利模式并非是收取昂贵的使用费，它只是在软件即服务的模式下提供准入门槛较低的订阅服务。Salesforce.com 利用一切可利用的陷阱阻碍自己的竞争对手，在行业主导者认为细分市场毫无价值并全心投入抢夺大型企业用户时，它却开始对细分市场发动猛烈的进攻。以 Siebel 公司为例，它把所有精力都集中在那些年收入达 10 亿美元的用户身上，而 Salesforce.com 则选择开发订阅定价模式。Siebel 规定，每位用户的使用费在 1 000 美元～ 2 000 美元，而 Salesforce.com 的用户一开始只需要 200 美元的年费。最重要的一点是：Salesforce.com 完全是行业里的“新鲜人”，行业分析师对它毫不重视，更不要说有大公司会把它当一回事。当那些行业主导者争相为大客户定制解决方案时，Salesforce.com 以最小的启动成本制作了一个易于使用的标准组件，却被视作不值一提的竞争对手。

这是一个关于饥饿的小狗和自满的肥猫的经典故事，故事里列举了所有对行业主导者产生阻碍作用的因素，最后 Salesforce.com 成了这个故事里最大的赢家。Siebel 是 Salesforce.com 的主要竞争对手，同时也是行业主导者，它在 1999 年开启了云计划。同年，Salesforce.com 成立。然而，Siebel 公司的冒险被视作过多牺牲了核心业务，以至于最后不得不狼狈收场。借助 Siebel 引起的对基于云计算的 CRM 的重视，Salesforce.com 开始在市场上站稳了脚跟，吸引了越来越多的用户。Siebel 不得不拼命追赶，但仍逃不开倒闭的命运。

如何开发新业务，实行新的商业模式

已经成立多年的公司想要实行新的商业模式，大多会以失败告终。该如何做才能保证这些新的商业模式不被扼杀在摇篮里？传统观点通常认为，应该为新的业务设立一家独立的子公司，将它和核心业务分开，赋予它执行上的自由，允许它有自己的流程、结构和文化。究其原因，一切都是为了保护原有业务免遭新业务的“毒手”，减少新业务因资源被垄断而受到的影响。如果我们创立了一家新公司，它的独立性可以有效避免我们刚才提及的动机不对称性问题，一家独立公司的成立会得到相应的授权和资源以便对新的商机进行投资。

公司在技术方面的投资和商业构想都来源于公司内部。外部投资指的是对外部新兴公司的投资。对新成立的公司进行股权投资和设立董事会，就像荷兰皇家航空对 Fast Track 公司做的那样（详见第六章）。在此过程中，有些关于独立子公司的情况会在下文进行说明。

不能持观望态度

行业主导者总以为在他们抓住新兴市场机会之前可以先持观望态度，在市场开始有所起步、风险降得更低时再进入。他们争相打赌，赌自己无须冒着开创性的风险就能够在恰当的时机正确地利用自己的优势赢得市场。事实上，那些长期占据市场领导者地位的企业往往并非是最初的开拓者。（有谁还记得雅虎曾经是搜索引擎领跑者吗？）虽然有些企业在市场中夺得了先机，但是当实力更强大的对手也想参与进来分一杯羹时，往往先行者就失去了主导权，这样的案例在商业史上比比皆是。但是这样的故事带给行业主导者的却是自以为自己占尽了时间优势的错觉，尽管当他们仍一心把精力集中在核心业务上时事实的确如此。新的市场机会需要一种不同的商业模式，这对行业主导者而言已经脱离了他们的舒适区，他们需要掌握新的能力或技能，以赶上先行者的脚步，这对他们来说更加困难。Blockbuster 倒闭的案例清晰地说明了一件事：当你假设自己能抓住恰当的时机时，你已经陷入了危险之中。

大多数时候，持观望态度的结局是“一切都已经太晚了”。那种“我还有大把的时间可以用来等待”的念头不过是错觉，其罪魁祸首是能力陷阱：面临破坏式创新时，比起新来者，行业主导者往往处于更加不利的位置。相较于把时间奢侈地浪费在等待上，企业应该更加努力、更早地抓住机遇，实现转型。

自主经营新业务

当新业务被独立出来时，企业需要注意避免插手干预，或者出现所谓的“帮助新业务发展壮大”“分享最佳实践经验”等情况。一个新的机会往往需要与完全不同的方法相结合，但好心的高管人员总是想尝试使用旧的方法，尽管它们并不合适。新的公司应该有脱离总公司过度掌控的自由，有机会创造属于自己的成功秘诀，这是雀巢能以 Nespresso 品牌取得成功的关键。Nespresso 作为一个独立的实体被从雀巢中分离出来，在生产、分配、商业政策和人力资源政策等方面具有自主经营权，从而能够在咖啡市场中开发出一种全新的商业模式。

确定假设

在每个商业计划的背后都会有一系列假设。当你发现自己身处未知的领域时，就会面临很多假设和不确定性。按照以往的惯例，企业大多数时候会选择把这些假设和不确定性埋藏在商业计划中，创造出一个“准确”的错觉。毕竟，这就是大部分高管在培训中学到的：为商业案例提供定量的证据，并展示创新行为的价值。一个重要问题是企业对待新的商机往往就像它们处理原有业务一样。它们追求数据，即使那些关于并不存在的市场的数据在本质上是虚构的。实际上，很多重要的事情是无法被数据衡量的，而那些被衡量的东西往往可能并不重要，尤其是在那些新机遇中，所谓的数据很可能使你偏离原本的核心业务。因为已经有了一定的数据基础和编码知识，企业当前主推产品的销售收入成为了一个可靠的量化指标。需要注意的是，关于开发新商品或者新的商业模式以求业绩增长的提议不应该只参考硬数据。

我们需要做的是确定并找出隐藏的假设，使它们变得明确。当我们探索新的市场机会时，制定一个带有很多假设的商业计划是很正常的，这是一个把这些假设系统地转化为知识的绝佳机会。为了将未知变为已知，我们需要进行一些智能实验，验证假设。对于新的公司，我们不能只看到它现在的表现，还要评价它的学习能力和发展前景。

进行智能实验

一家新的公司在探索一个新的成功机会的过程中，需要有足够的灵活性来调整自己的商业模式。它通常需要在盈利方式上对其商业模式做出至少四次修改才能取得成功，这意味着为了做出方向正确的调整它需要不断地学习。事实上，公司必须要注重学习、调整和执行。学习过程中的灵感来自于我们所谓的“故意出错”：有目的地测试、验证某个假设。故意出错比起只是单纯找出能够支持假设的数据能更快速地让公司获得成功，这些测试越贴近生活，那么获得的知识就准确。最丰富的信息往往来源于实际实验，而不是单纯的数据。如果你想知道用户对某个潜在的新产品是否感兴趣，可以在你的官网上发起一个“让我了解你更多”的小话题，点击进去并留下联系方式的人数能让你获得与潜在需求相关的一些信息。

随着业务的逐渐发展，学习过程就会自然地显露出来，而智能实验会加速这个过程。除此之外，智能实验还会使学习成果的效益大大提高，其重点在于以小投资换来高价值的学习，减少不确定性和验证假设。

当一个项目开始有了进展之后，可用的数据就会越来越多，不确定性就会逐渐被消灭。企业在开展新项目时应该学会做出可靠的预测，这样一来由假设驱动的计划书才能为传统的商业计划铺平道路。

创建假的模型

我们不需要对产品原型进行现实生活实验，而是应该围绕将会出现的问题找到对应的解决方法，还应该进行符合实际的市场测试。为什么不在你的网站上发起一个“让我了解你更多”的小话题来了解用户感兴趣的问题呢？你还可以创建一个假的模型：一个现实生活中的用户界面以及一个假的后端。这个假的模型看起来像处于工作状态，实际上缺失后端功能，但是它可以帮助你获得用户的反馈。

延迟判断

我们描述了在已经成立多年的公司中发展新的商业模式的过程，但没有阐明在哪一个阶段应做进一步承诺。Nespresso 和安吉星的案例非常明确地告诉了我们一个道理：通往成功的道路阻且长，新公司成立初期往往会受到传统评估手段的“迫害”。处在不确定的环境中时，你无法确定什么样的商业模式能够提供正确的方法以改变环境。对成功与否进行预测变得极其困难，在早期阶段就判断出结果同样也很困难。因此，我们需要延迟做出判断的时间。

匹配投资与不确定性水平

随着时间的推移，公司逐渐步入正轨，这时我们才能发现它的真正潜力。在每一个决策点，下一步动作应该由已知信息来决定，投资水平应与当下的不确定性水平相匹配。

高度的不确定性需要的是小规模的投资，这是为了确保在必要时候能够有足够的灵活性做出适当的调整和改变。当不确定性随着时间的推移而减少，投资水平也可以逐渐提高。

学会适当借力

传统观点认为，将创新公司从核心公司中分离出来才能有充分的自由去探索新的商业模式和脱离原有的传统做法。虽然这可能是正确的，但也有一个明显的缺点：当创新公司被拒之门外时，它们就无法从总公司的优势和长处中获益。事实上，无论能否获得资金支持，都意味着这家创新公司与任何新成立的公司并无区别，它们的背后都没有更大的公司的支持。这就导致创新公司错失了能够利用总公司的资产和资源来为自己创造出一个关键的竞争优势的机会。因此，子公司既应该保持独立自主，又应该与其母公司建立联系。通过共享和交换资源，母公司和子公司利用彼此的长处，一起发展。这些交换机制应该能够让子公司从母公司的资产规模中受益，而非受限。

所以，新公司应该学会运用母公司的资源来为自己创造能够获得成功的最大机会，这样才能达到一定程度的运营整合。但是，运营整合不应该由母公司决定，也不应该被降低共同经营成本的想法所影响。新公司与母公司创建经营联系的唯一正当理由是新公司能够借用到对其商业模式有重要作用的资产，否则它的正常运营将很难维持。

保持独立自主

因为有创新想法而成立一家新公司需要在独立和整合之间保持微妙的平衡。尽管对共同经营的渴求是好的，但是在可以向母公司借用重要资产的情况下也应该谨慎行事，保持独立。很多时候公司并不清楚什么样的商业模式是合适的，也无法确定商业模式的具体细节。在这样的情况下，新公司要尽量抑制过多使用母公司的商业模式的冲动。在对母公司的商业模式有更深刻的理解之前，最好的做法是继续保持全新的做法。只有这样，你才能正确地分辨出哪些部分能够被整合，哪些部分有必要被独立出来。

耐心地坚持下去

母公司可能会面临的最艰难的决定之一是从子公司中撤资。当你得知失败即将到来时，明智之举是最大限度地降低损失。然而，难点在于对失败是否已经迫在眉睫的实际评估。苹果公司 Apple Newton 项目被削减的案例广为人知，而在那之后不久个人数字助理（PDA）市场的巨大潜力也渐渐被人发现。在瞬息万变的市场环境中，公司需要怎样的商业模式或者技术才能使经营状况蒸蒸日上？公司对此毫无头绪。一击即中的成功几乎是无法实现的目标，失败往往是铺垫通往成功之路的基石。尽管一个思虑周全的智能实验过程会缩短这个周期，但创新者仍然需要容忍失败和挣扎。然而，坚持找到成功的正确方式和固执地遵循原来的计划是完全不同的。即使新的信息清楚地说明了原本的计划将会失效，决策者通常还是无法调整自己的初期期望。这就导致了“偏差的扩大”：不断坚持错误的行动阻碍了我们需要的试错过程。

为了防止偏差的扩大，我们可以采用如下策略：

- 改变组织结构，由没有参与过该项目且没有利益冲突的人来决定继续还是停止坚持；
- 运用预先定义的以客观数据为基础的停止规则；
- 修改激励机制，确保人们能够因改变计划得到奖励而非盲目坚持。

小结

- 通过广角镜头所学到的东西应该融合在新的商业模式中。公司需要研究出正确的商业模式，以应对不断改变着的世界，适应新的形势。因此，我们必须抛开那些曾经让我们获得成功的东西，并愿意投资未来。
- 成功的商业模式创新是由市场推动的。
- 投资决定不应该由对自我拆分的恐惧来推动。比起害怕自我拆分，公司更应该害怕的是从市场中消失。
- 当我们试图创造未来时，常规的商业计划毫无用武之地。未知数太多会使我们无法凭借对数据的信心制订出一个商业计划。我们需要强调未知和假设，创建一种模式来解决它们。
- 不要假设新的成功方式会立刻出现，它更有可能是一个试错的过程。一个智能实验策略能够提高学习速度并且加快试错过程。在适应新的商业模式以及找到获得成功的正确方式之前，我们需要保持耐心。
- 聪明的借力能够让新公司充分利用母公司原有业务的优势而不受其限制。

开始行动

- 创立一家新公司，实行新的商业模式。

- 不要让母公司的目标和优先权影响新公司所获得的资源。
- 学会适应广角镜头所展现的、具有内部不确定性的决策过程。
- 创建一个严格的假设检验流程。
- 投资智能实验，以测试这些假设。
- 让新公司保持独立自主，同时通过与母公司共同经营而获益。

第九章 09

在弹性生态机制中合作

“预测未来的最好方式就是参与其中。”

——佚名

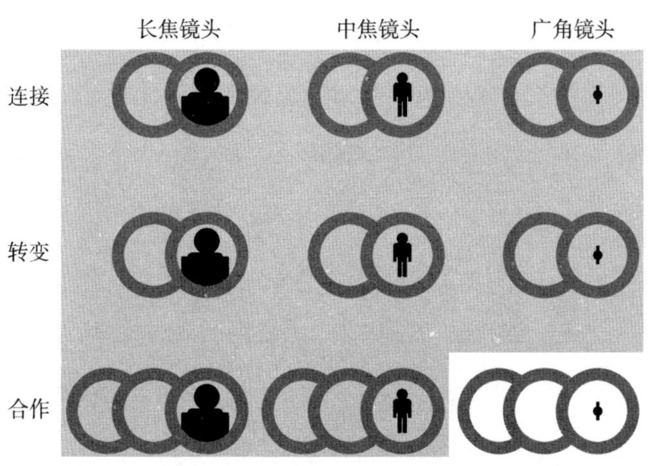

案例分析

杨森制药是一家全球性制药企业，隶属于世界领先的生命科学和消费者保健公司——强生公司，由杰出的比利时药理学家、医师保罗·杨森（Paul Janssen）于1953年创立，杨森制药已经在糖尿病、艾滋病和类风湿性关节炎等领域发明了很多突破性的处方药。跟制药行业很多其他企业一样，在21世纪初杨森制药面临着许多潜在的能够营造出更具竞争力的医疗环境的新公司的颠覆性挑战。

制药公司以往的做法是将大部分投资集中于创建大型药品系列，这种商业模式现在面临着一定的压力。在一个拥有中上水平盈利率的行业里，这种模式曾经被大型制药公司奉为能够取得巨大成功的秘诀。但是这种模式的盈利率正在下降，原因包括研发产出下降、商业化成本上升、排他期缩短、医生的影响力增大等。医生对消费者和立法者的影响力不断上升，在病人的处方决定中起着积极的作用，但是对于医药营销人员而言，拉近与医生的关系却变得越来越难。医疗政策制定者和消费者对医生可以开的处方药物也有着越来越大的影响。在治疗过程中，患者变得更积极且更有决定权。用网络查找医疗信息的人数已有大幅度的增加，患者带着这些信息前往就诊。所有的这些迹象都表明，医疗保健生态系统正在发生转变。

未来的发展道路必定不会跟过去一样。杨森制药公司意识到，比起专注于产品，它必须转变为以解决方案为中心：以患者为中心并不意味着仅仅专注于药物开发。当代的医疗解决方案结合了预防、诊断和患者服务，将患者作为治疗过程中的合作伙伴，能够使得他们积极地参与并坚持治疗，从而提高治愈率。

出于对这一前景的考虑，杨森制药公司提出了方案规划运动。这项运动的逻辑是：以任何程度的确定性来预测医疗保健的未来都是不可能的。通过描绘可能的潜在情况，考虑医疗保健生态系统中的不确定性，杨森制药将能更好地为未来做准备，也会获得更多的机遇。

科技将会带来新的生产者和消费者生态系统。如果想要参与其中，杨森制药公司需要建立起一个以消费者为中心的疾病综合管理系统，而不是将重心放在药物的组合和管控上。很明显，杨森制药公司需要具备一系列新的能力，从而为未来做好准备。为了获得这些能力，杨森制药公司得出了结论：与其他主要活跃于生物技术和生物信息学领域的企业合作是有必要的。根据这个结论，杨森制药公司创建了负责推广商业发展文化和能力的投资发展中心，意在部署、保留和吸引有才能的企业家。一个项目必须通过以下的严苛标准才能够被称之为新的商业机遇：(a) 它必须能创造出有巨大潜力的新的盈利产品、服务、资产或者商业模式；(b) 无论是跨部门、跨企业还是跨行业，它必须要求高级别的合作；(c) 它必须为某个新发现的机遇提出解决方案。

有一个电脑游戏叫作“Healseeker”，它是一个正处于发展阶段中的项目，致力于帮助 8 ～ 12 岁的注意缺陷多动症（ADHD）患者学习那些由于自己的病况而很难学习的特别技巧，包括时间管理、社交行为和制订计划。这个游戏利用的是隐性学习的概念：学习目标是在游戏任务的帮助下达成的。其灵感是杨森制药公司在与 Ranj（一个软件开发商）、Yulius（一家私人的精神病诊所）和 Zitstill（一个 ADHD 患者协会）

合作的过程中产生的。Yulius 负责提供科学理论上的支持，Ranj 的主要任务是根据 Yulius 诊所提供的概念进行编程，而 Zitstill 则作为进入市场的渠道。

“Healseeker”是杨森制药公司投资发展中心探索到的一个机会，这个游戏是由方案驱动的而非由产品驱动的。杨森制药与其他公司协同合作，它们不需要在内部发展所有必要能力，却依然能够创造出新的解决方案。这使杨森制药公司获得了一款全新类别的产品和一种基于游戏的医学治疗方案，它从中所学到的知识和所积累的经验有助于开发出治疗其他疾病的类似游戏。

开拓新视野

杨森制药的案例和许多公司正在经历的一样，它们在一个成熟的行业中繁荣发展。所有公司都倾向于一种统一的商业模式：它们专注于与另一家公司竞争，进行着一场它们非常熟悉的比赛。但是逐渐地，它们开始觉得比赛发生了变化。起初，它们忽略和轻视这种变化，直到它们受到影响和威胁。它们并没有面临突如其来的变化，但是许多新兴趋势集中在一起对它们的商业模式产生了深远的影响。一开始，它们觉得变化是缓慢的，然后突然之间，变化速度的提升比它们所预期的要快很多。所有公司都开始意识到它们不得不做出改变，但是只有拥有水晶球的人才能准确预测出什么是该做的以及什么时候才是正确的时机。

市场动力学可以帮助我们描述正在发生的事情：

- 市场变化推动了行业变化；
- 新兴趋势的长期影响尚不清楚；
- 公司无法确定通往未来的正确道路；

- 任何对未来的设想都需要新的能力作为支撑。

杨森制药公司的答案包含了一些要点。首先，它所部署的战略是基于对市场变化的了解而制定的，这使它越过了产品去更多地思考用户解决方案。其次，这项策略是建立在某些似是而非的情况下的，有些接近现状，有些是重大的改变。杨森制药公司没有固执地坚守一个单一的战略，而是为了自己可能面对的未来做好准备。再次，加强与外部伙伴的合作是势在必行的。比起试图自己单打独斗，与其他公司的合作能够帮助你更快地获得你想要的技能。最后，设立一个独立的部门是为以后更大的组织体系做准备。

这四个要点都是通过第三种镜头得出的策略。不确定性要求企业灵活地对它们的活动、资产和能力进行重新改造，以便探索新的机遇空间。消费者越来越需要一套不是由某家单一企业提供的复杂的解决方案。我们需要转变观点，从“某家企业能够做到某件事情”转变到“某个生态系统中的所有企业能够一起合作做到某件事情”，这就是通往未来的道路。

想在广角镜头里探索出一个全新的机遇空间，我们需要先重新思考现有的商业模式。新的竞争环境通常要求我们使用完全不同的资源，而且我们很难准确预测未来的需求会是什么。如果你无法理解在未来的竞争中需要的资源是什么，那么你就无法确定生态系统所需要的资源和能力是什么。如果你对那些能够让企业生存和繁荣所需要的资源有疑问，那么第一步就是更深入地了解企业所面对的环境。这种了解通常来自参与和学习，而非来源于正式的战略规划过程。

像我们在上一章讨论的一样，通过建立新公司和智能实验来应对新环境是有可能的。但是为了提升敏捷度，合作比起单打独斗是更好的选择。在第六章中，我们提出了关于是否要自建、借用或者购买自己缺少的资源的选择。通过与其他公司合作，我们不再需要投入时间或金钱来填补空缺，而是可以迅速地借用到必要的资源和能力。与此同时，这也提供了一个学习的机会。

从生态系统的角度思考问题

设计一个能够让企业探索新的机遇空间的生态系统是非常关键的任务。生态系统是一个由有着高度相关性的企业相互连接、合作而形成的商业网络，其中每家企业都遵循着它独特的核心逻辑，创造着面向用户的最终解决方案。每家企业都有自己的商业模式，但是这些企业形成了联盟，这有助于它们合作开发的产品在联合市场上的流通。

在生态系统中进行合作运营会把界限问题（决定哪些活动应该在企业内部进行，哪些活动应该和合作伙伴一起进行，哪些活动应该面向自由市场）带入一个新的复杂水平。

你应该从你所参与的生态系统的角度分析问题和制定策略，而不是仅仅考虑你自己的企业。这意味着企业在打造自己的未来时能否获得成功取决于它对周围生态系统的塑造程度。企业在发展过程中所需的关键能力是从自身所处的企业网络中挑选出与自身的能力、资源和知识能够互补的企业。

比起从单个企业的角度出发，在运营过程中选取从生态系统出发的角度能够提供更多优势。这种思考方式消除了时间、空间和资源等方面的限制，这些限制会妨碍企业提出优异的关于发展前景的战略思想。现如今我们考虑的是通过与其他企业合作能做些什么，而不再是想着我们的企业能做些什么。如今单打独斗的能力范围已经被限制，若你能够借助外力为终端用户创造价值，就有可能会得到更多的选择。外力的来源可以是能够为你提供互补资源的组织、合作伙伴甚至竞争者等。从对个体企业的思考转向对生态系统的思考，与其他企业合作，你会获得以下几个优势。

（1）提高速度。比起单枪匹马地打拼，与他人合作能够使企业探索新的机遇空间的速度大大提高。资源障碍被移除，取而代之的是从已经拥有本企业所缺少的资源和能力的其他企业中得到帮助的机会。与一家在该领域中已经有过相关经验的企业合作是一条捷径。

（2）更具灵活性。在企业内部培养新的能力通常都需要投资，而这些都是无法撤销的。通过借助外力，企业可以继续坚持自己的选择，也可以在环境发生变化时更加灵活地应对。而且，企业能够灵活地选择自己的合作伙伴，而非只能与某家企业合作。

（3）接触到更广阔的知识海洋。通过与外界合作，企业能够进入一个充满经验和知识的全新世界。摒弃"吃老本"的传统做法，企业能够从在同一个生态系统中的合作伙伴提供的所有知识和经验中获益良多

（4）为用户创造价值。无论是单打独斗还是与人合作，设立生态系统的最终目的都是为用户提供价值。最终，生态系统内部的所有成本和利润都由消费了生态系统中的产品和服务的终端用户承担。因此，很重要的一点是，生态系统之间或其内部的竞争并不能留住终端用户，完成这项任务的是生态系统的"舵手"——各家企业的团结协作。这意味着需要将各种激励因素结合在一起，这样各方都可以从能够为终端用户带来新的解决方案的行为中获益。

（5）塑造更强大的力量。携手合作的企业比起孤军奋战的企业在行业的发展趋势上能够产生更大的影响力。你可以想想苹果公司所创造出来的生态系统，它让很多企业致力于为它的手机研发应用软件。

为了制定出成功的生态系统策略，领航企业不能只是单纯地配合，而是需要有更多的实际行动。它必须为创造用户价值提供自身的一种或多种有关键影响力的资产，否则它将会深受“IBM 综合征”之害：当美国国际商用机器公司想要强行进入新兴的个人计算机市场时，IBM 公司却让微软和英特尔供应了关键组件。与此同时，IBM 还放弃了在生态系统中的领导权，将它永远地交付给了这两个竞争对手。我们要做的是提供有价值且必需的资产，以赢得自己的一席之地。

想要在生态系统中取得不可替代的地位，各家企业需要先扪心自问自己贡献了什么独一无二、无法替代的有价值的资产。在我们离已知领域越远的情况下，就越难用现有的旧资产去为我们想要的东西赌一把。除了自身已经拥有的条件外，我们还需要借助更多的外力。

利用生态系统的优势

你知道正确的模式是什么吗？在第三种镜头里可能会存在很多不同的情况，将赌注全押在某种模式上是高风险行为。我们需要的不是单一的战略蓝图，而是存在许多可能情况的机遇空间。比起对某个单一行为的投入，改变过程中的灵敏度更为重要。我们对未来方向越不确定，灵敏度就越重要，我们需要为许多可能的途径创造机会。

生态系统中存在很多可能性，这是其优势所在。企业可以进行小规模的投资，或者通过与生态体系中其他企业的合作来扩大投资。这让企业在还未发展全面的时候就已经能够抓住机会。一个充满活力的生态体系能够持续不断地改进自己的措施，并且有能力应对新的挑战和新的方向。这是一种既可以快速发展同时也可以探索多元机会的方式。

在错失先机的时候与其他企业合作并不是迎头赶上竞争对手的好办法。不要利用自己的弱点来达成合作，两个弱点的结合并不一定能够成就一个强大的实体。

案例分析

微软和诺基亚之间的合作在很大程度上被视为两个竞争对手在智能手机市场上的角逐。新上任的诺基亚 CEO 斯蒂芬 · 埃洛普（Stephen Elop）面临着一个关键的决定，因为在一个上市时机意味着一切的行业里芬兰制造商被它的竞争对手甩在了后头。因为无法及时开发出受欢迎的智能手机，也无法应对来自东方的竞争和跟上快速发展的市场，智能手机行业中有许多企业败下阵来并最终消失。与微软的联盟是诺基亚的权宜之计，埃洛普花了不到五个月的时间实现了一项战略性举措。事实上，埃洛普说过：“在这种合作伙伴关系中，我们发展得比以往任何时候都要快得多。”

这个案例说明比起孤军奋战，与其他企业合作会是实施新方案、进入新领域的更好选择。但是，没有找到合适的合作伙伴不应该被当作迟迟不采取行动的借口。你应该选择建立有效的合作关系，因为这种关系能使你在初期就能够以小规模的投入参与宏大的战略项目。

小结

- 当我们在现有业务的边缘探索新的机遇空间时，未来是很难预测的。
- 与试图预测未来相比，为许多不同场景提前做好准备并探索不同的潜在商业模式要好得多。
- 合作能让企业快速发展，你应该坚持自己的选择并从合作伙伴的资源和能力中获益。

- 抛开与个别企业竞争的想法，更多地考虑关于整个生态系统的竞争问题。

开始行动

- 以企业缺失的能力为起点，探索新的机遇空间。
- 与一系列合作伙伴建立多元化的合作关系，以填补缺失的能力。
- 不要执迷于单个生态系统。

第十章 10

基于用户的持续增长：三种重要能力

“少有公司因为发展太快而倒闭，通常倒闭的公司都是因为发展滞缓。”

——里德·哈斯廷斯，Netflix 公司 CEO

连接：与市场和用户保持联系

对用户创新的推动从根本上来说是以用户为中心对整个公司进行创新。关于用户创新的第一个能力是与市场保持联系，不断地吸收外界有价值的东西。在发展与市场保持联系的能力时有三个步骤（连接 - 转变 - 合作），在这些步骤中我们需要部署三种不同的镜头。

1 号镜头时刻关注着现有产品和用户，通过与用户群体保持紧密联系，确保企业能够收到持续的反馈以便继续根据用户需求进行必要调整，使用户关系价值最大化。主要方式有以下这五种：

（1）建立持续的反馈机制；

（2）体验式地理解用户；

（3）利用每一个信息来源；

（4）将用户作为灵感来源；

（5）将用户当成开发者。

2 号镜头的观察范围从现有产品扩展到完整的用户情况。比起试图理解与自己产品相关的需求，公司需要做出一定的成绩，为用户创造价值，推动用户创新。

透过 3 号镜头，公司可以捕捉到更多关于市场外围的新信号，也可以更好地避开用户陷阱和竞争者陷阱。

这三种镜头的持续放大作用将帮助企业发展出一个全面的市场定位，使它们能够建立起深层次的用户关系。与此同时，新市场的演变也变得可以预见。我们使用的这三种镜头能帮助我们从被动变为主动。第一种镜头是关于对用户需求变化的即时反应，它时刻关注着现有用户的需求，使企业能对用户产生更大的吸引力。第二种镜头让企业能从用户的观点中看到更广泛的视角，这个视角不只局限于我们的产品和服务，它展现的是用户试图通过我们的产品和服务得到的东西。第三种镜头让企业可以预测未来将会发生哪些能够影响市场的更大变化。

企业需要透过这三种镜头时刻关注用户需求和市场发展。企业思想层次的提升和对用户的警觉可以让知识的来源更加丰富，但如果这些被创造出来的知识毫无用武之地，那它们的出现就失去了意义。

转变：运用你掌握的信息和知识

第一步是连接与沟通，唤醒你对持续发展的警觉性。第二步是转变，将警觉性转变为实际行动，进行用户创新。如果你并不乐意改进自己的产品或服务，那么与用户保持联系以及探索市场新机遇就变得没有必要了。

这种情况发生在对应着本书中所讨论的三种镜头的三个层次上，这些层次对企业的商业模式有着深刻的影响，会让企业越来越偏离现有的状态。

1 号镜头是关于持续不断的微创新。所谓的“毫无创新的一天等同于浪费时间”是一句咒语。这里所说的微创新指的是为了更好地服务用户而坚持在各方面做出微小的改进，也就是说，我们需要一直专注于用我们既有的商业模式为现有用户提供更好的服务。

2 号镜头聚焦于对用户需求的关注。企业应该在为用户解决问题的过程中得到创新的灵感和动力，而非坚持现状。为此，企业应该摆脱舒适区，进一步扩大自己的业务范围。

3 号镜头提醒你应该及时更新你的商业模式，这样你才能够抓住进入新市场和细分市场的机会。用户创新意味着企业克服了对自我拆分的恐惧，愿意接受多种类型的创新服务。为了避免创新行为给企业带来的应激反应，企业需要根据现有的活动体系巧妙地设置不同的组织结构。

合作：在生态系统中展开全面合作

第三步是促进创新合作。透过 1 号镜头我们得以再次深入企业内部，进一步创建深厚的用户关系文化。企业的成功在于能够充分调动自己的两个合作伙伴：用户和员工。2 号镜头能帮助我们拓宽对于产品的观点并将其延伸至为用户创造价值的目标以及实现这个目标的过程。创造新的用户解决方案通常要求企业迈出自己的舒适区，发展新的能力。这种发展也许需要突破企业自身的限制，这样才能发展得足够迅速。在这种情况下，选择与拥有你所需要的资源或能力的人合作会是更好的选择。你可以与合作伙伴一起填补资源、能力上的空缺。为了实施用户创新，企业会利用别人的优势；然而，它们也会利用自己的优势以确保在其所经营的生态体系中自己依旧掌握着部分控制权。它们所利用的资产可能是以技术为基础的，也可能是以市场为基础的。我们讨论了几个案例，它们的情况大致相同，都是以市场为基础，但是上游和下游的资产成为了其竞争优势的来源。这些以市场为基础的资产可以转变为接入型、信息型或者实验型资产。因此，合作是一个在为用户提供解决方案的某个生态系统中利用自己的资产去平衡其他公司的付出的过程。

那么，查看连接 – 转变 – 合作框架的整体情况有什么价值呢？我们可以由此得知这些步骤彼此之间是如何联系的。在与用户进行连接之后我们需要转变，即改变和创新，否则连接就会变得毫无意义。为了有所创新，我们不得不进行内部和外部的合作。连接、转变、合作这三个步骤代表着一系列连锁反应，它们密不可分。根据这些彼此之间相互联系的步骤采取行动，我们可以评估自己是否进行了恰当的内部调整，以确保与用户的沟通能够顺利进行。我们需要时刻保持警惕，毕竟脱离市场的行为会导致令人失望且避无可避的后果。

诊断你的组织

这三种镜头向我们展示的情况清晰度有所不同，从 1 号镜头的高度聚焦到 3 号镜头的模糊图像。我们用这三种镜头去权衡我们所经营的企业的深度和宽度。1 号镜头关注的是与现有用户建立深层次关系；2 号镜头能让我们观察到在我们的产品和服务以外的有利于更好地为用户服务的东西；3 号镜头有助于激发我们对当前外围市场新兴机会的强烈好奇心。表 10–1 列出了各种镜头的显著差异。

表 10-1　各种镜头的显著差异

	1 号镜头	2 号镜头	3 号镜头
分析对象	企业	企业价值链	生态系统
时间范围	短期	中期	长期
创新类型	用户与员工	用户与合作伙伴	合作伙伴和竞争对手
目标	守卫和提高现有的市场地位	积极寻找机会为用户增加价值	促进团结合作，减少不确定性
不确定性	较低	中等	较高
力量培养	文化	技能整合	对环境的灵活应对
关键能力	与用户沟通，培育内部文化	利用以技术和市场为基础的资产	在生态系统中协调各方力量，不断学习
竞争优势	内部嵌入	整合与控制资源	共同合作

关于这三种镜头，有几个关键问题。

- 我们能否积极地部署这三种镜头？每家企业都应该有意识地利用并管理好这三种镜头，而且需要同时在这三种镜头上下功夫。

- 我们在运用这三种镜头方面是否已经达到了最先进的水平？本书的每个章节都指明了在连接－转变－合作过程中每个步骤的关键因素。

- 我们是否平衡好了这三种镜头所得到的资源和关注度？当我们对 1 号镜头的关注度过高时，目光短浅所带来的危害总是“阴魂不散”。但是如果把一切都赌在 3 号镜头上，这就意味着我们无法为渐进性创新提供足够的资源。

- 我们是否已经退出了持续运用这三种镜头的过程？ 3 号镜头扩展了我们的视野，我们利用它实现了新产品的转换。如果我们把 3 号镜头拉得更近一些，它最终将转变为 1 号镜头。

企业不能把推动用户创新的任务只交给某个部门或者某些员工。用户创新是从企业顶端开始的，但它需要整个企业的参与。用户创新不是某个勇士单枪匹马就能完成的工作。能否从根本上改变一家企业，有赖于 CEO 做出的郑重承诺和实现承诺的能力。用户创新的实施并不是某种一次性的工作，也不是一个项目。企业需要意识到用户创新是一种需要持续被关注的深度战略要求。

无论是面对无处不在、崭露头角的新来者，还是面对当前强劲的竞争对手，企业需要做的是将那些即将成为真正用户的人吸引过来，尽管这并不是一件容易的事，但这是唯一能够超越其他企业的方法。以用户为中心的企业通过创新所开发出来的能力最终将会成为核心能力。到了那个时候，用户创新将会成为竞争优势的来源。为了保持并提升企业对其用户的必要性和重要性，员工需要提供富有创造力的、持续的创新灵感。三种镜头以及连接-转变-合作的关系小结如图10-1所示。

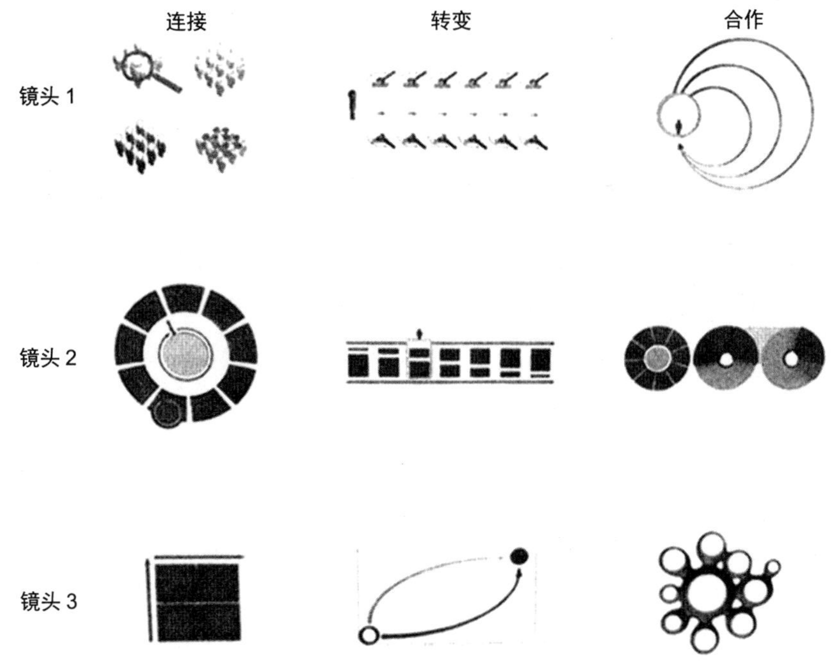

图10-1　三种镜头以及连接-转变-合作的关系小结

版权
声明

好书推荐

基本信息

书名：《演讲圣经：一本书爱上演讲（第5版）》
作者：[美] 保罗·纳尔逊（Paul E. Nelson）
[美] 斯科特·蒂茨沃思（Scott Titsworth）
[美] 朱迪·皮尔逊（Judy Pearson）
定价：69.00元
书号：978-7-115-41212-6
出版社：人民邮电出版社
出版日期：2016年1月

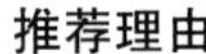

推荐理由

★ 中国传媒大学媒介与公共事务研究院院长董关鹏操刀翻译并且倾情推荐
★ 英文原书高居亚马逊演讲类畅销书榜首
★ 生动活泼的全彩演讲“杂志书”，全彩印刷，装帧精美

翻开本书，你将学到：

（1）如何提高演讲的可信度；
（2）如何针对不同文化背景的受众准备演讲；
（3）怎样从别人的演讲中受益；
（4）怎样克服演讲焦虑症；
（5）一次成功的演讲应该做好哪些准备；
（6）具备哪些技巧就可以让演讲事半功倍；
（7）如何在演讲中有效利用各种辅助资源；
（8）怎样合作才能做好团队演讲。

你可能做不到一场演讲，震撼百年；但你可以让演讲直抵人心，震撼灵魂！

媒体评论：

现在，中国的企业在很多国家都前所未有地遭遇了一个关于中国和中国人的“话语权危机”。真实的“我们”，与全世界人民心中的“我们”好像并不完全一致。是我们不会说吗？我们曾经不想说，但是现在不得不说！但是如何把我们的故事、我们的想法“说”到全世界每个人的心坎里？这也正是我们非常看重这本书的原因。这本来自当今世界最会“说”的美国，并被奉为经典的专门介绍演讲技巧的实用书，既阐明了现代社会中重视表达与沟通、“言”与“行”并重的必要性，也提供了很多行之有效的“说”的方法和技巧，教会我们这些谦逊且一贯秉承“讷言敏行”的人们，到底该如何“说”。

——中国传媒大学媒介与公共事务研究院院长　董关鹏

从如何分析听众到撰写整理演讲内容、再到现场发表演说，本书将一次演讲所能涉及的所有环节，其中应遵循哪些原则，可以适用怎样的方法、技巧，以及具体注意事项等都一一说得清楚详细，堪称一本经典的工具书、详尽的说明书，可以随时查阅并配合具体需求与工作实践结合起来。推荐给广大读者阅读。

——中国传媒大学媒介与公共事务研究院品牌与话语权实验室主任　鲁心茵